¡Español conmigo!

CONJUGACIONES VERBALES

Cervantes   Don Quijote   Picasso   Las Meninas   Diego Velázquez

dongyangbooks

HABLAR		Participio: hablado	
		Gerundio: hablando	

INDICATIVO

Presente	Futuro simple	Pretérito perfecto simple	Pretérito imperfecto
hablo	hablaré	hablé	hablaba
hablas	hablarás	hablaste	hablabas
habla	hablará	habló	hablaba
hablamos	hablaremos	hablamos	hablábamos
habláis	hablaréis	hablasteis	hablabais
hablan	hablarán	hablaron	hablaban

	Pretérito perfecto	Pretérito pluscuamperfecto
	he hablado	había hablado
	has hablado	habías hablado
	ha hablado	había hablado
	hemos hablado	habíamos hablado
	habéis hablado	habíais hablado
	han hablado	habían hablado

ESTUDIAR		Participio:	
		Gerundio:	

INDICATIVO

Presente	Futuro simple	Pretérito perfecto simple	Pretérito imperfecto

	Pretérito perfecto	Pretérito pluscuamperfecto

TRABAJAR	Participio: Gerundio:

INDICATIVO

Presente	Futuro simple	Pretérito perfecto simple	Pretérito imperfecto
	Pretérito perfecto	Pretérito pluscuamperfecto	

DEJAR	Participio: Gerundio:

INDICATIVO

Presente	Futuro simple	Pretérito perfecto simple	Pretérito imperfecto
	Pretérito perfecto	Pretérito pluscuamperfecto	

Verbos regulares - AR

PASAR	Participio: Gerundio:

INDICATIVO			
Presente	Futuro simple	Pretérito perfecto simple	Pretérito imperfecto
	Pretérito perfecto	Pretérito pluscuamperfecto	

LLEVAR	Participio: Gerundio:

INDICATIVO			
Presente	Futuro simple	Pretérito perfecto simple	Pretérito imperfecto
	Pretérito perfecto	Pretérito pluscuamperfecto	

NECESITAR		Participio: Gerundio:	
INDICATIVO			
Presente	Futuro simple	Pretérito perfecto simple	Pretérito imperfecto
	Pretérito perfecto	Pretérito pluscuamperfecto	

CANTAR		Participio: Gerundio:	
INDICATIVO			
Presente	Futuro simple	Pretérito perfecto simple	Pretérito imperfecto
	Pretérito perfecto	Pretérito pluscuamperfecto	

Verbos regulares - AR

DESAYUNAR	Participio:
	Gerundio:

INDICATIVO

Presente	Futuro simple	Pretérito perfecto simple	Pretérito imperfecto

Pretérito perfecto	Pretérito pluscuamperfecto

CENAR	Participio:
	Gerundio:

INDICATIVO

Presente	Futuro simple	Pretérito perfecto simple	Pretérito imperfecto

Pretérito perfecto	Pretérito pluscuamperfecto

PRACTICAR	Participio: Gerundio:

INDICATIVO

Presente	Futuro simple	Pretérito perfecto simple	Pretérito imperfecto

	Pretérito perfecto	Pretérito pluscuamperfecto	

MANDAR	Participio: Gerundio:

INDICATIVO

Presente	Futuro simple	Pretérito perfecto simple	Pretérito imperfecto

	Pretérito perfecto	Pretérito pluscuamperfecto	

Verbos regulares - ER

COMER	Participio: comido Gerundio: comiendo

INDICATIVO

Presente	Futuro simple	Pretérito perfecto simple	Pretérito imperfecto
como	comeré	comí	comía
comes	comerás	comiste	comías
come	comerá	comió	comía
comemos	comeremos	comimos	comíamos
coméis	comereis	comisteis	comíais
comen	comerán	comieron	comían

	Pretérito perfecto	Pretérito pluscuamperfecto	
	he comido	había comido	
	has comido	habías comido	
	ha comido	había comido	
	hemos comido	habíamos comido	
	habéis comido	habíais comido	
	han comido	habían comido	

APRENDER	Participio: Gerundio:

INDICATIVO

Presente	Futuro simple	Pretérito perfecto simple	Pretérito imperfecto

	Pretérito perfecto	Pretérito pluscuamperfecto	

| BEBER | Participio: |
| | Gerundio: |

INDICATIVO

Presente	Futuro simple	Pretérito perfecto simple	Pretérito imperfecto

	Pretérito perfecto	Pretérito pluscuamperfecto	

| DEBER | Participio: |
| | Gerundio: |

INDICATIVO

Presente	Futuro simple	Pretérito perfecto simple	Pretérito imperfecto

	Pretérito perfecto	Pretérito pluscuamperfecto	

VENDER	Participio: Gerundio:

INDICATIVO

Presente	Futuro simple	Pretérito perfecto simple	Pretérito imperfecto
	Pretérito perfecto	Pretérito pluscuamperfecto	

COGER	Participio: Gerundio:

INDICATIVO

Presente	Futuro simple	Pretérito perfecto simple	Pretérito imperfecto
	Pretérito perfecto	Pretérito pluscuamperfecto	

COMPRENDER	Participio: Gerundio:

INDICATIVO			
Presente	Futuro simple	Pretérito perfecto simple	Pretérito imperfecto
	Pretérito perfecto	Pretérito pluscuamperfecto	

LEER	Participio: Gerundio:

INDICATIVO			
Presente	Futuro simple	Pretérito perfecto simple	Pretérito imperfecto
	Pretérito perfecto	Pretérito pluscuamperfecto	

CREER		Participio: Gerundio:	
INDICATIVO			
Presente	Futuro simple	Pretérito perfecto simple	Pretérito imperfecto
	Pretérito perfecto	Pretérito pluscuamperfecto	

CORRER		Participio: Gerundio:	
INDICATIVO			
Presente	Futuro simple	Pretérito perfecto simple	Pretérito imperfecto
	Pretérito perfecto	Pretérito pluscuamperfecto	

RESPONDER	Participio: Gerundio:

INDICATIVO

Presente	Futuro simple	Pretérito perfecto simple	Pretérito imperfecto
	Pretérito perfecto	Pretérito pluscuamperfecto	

ROMPER	Participio: Gerundio:

INDICATIVO

Presente	Futuro simple	Pretérito perfecto simple	Pretérito imperfecto
	Pretérito perfecto	Pretérito pluscuamperfecto	

Verbos regulares - IR

VIVIR	Participio: vivido
	Gerundio: viviendo

INDICATIVO

Presente	Futuro simple	Pretérito perfecto simple	Pretérito imperfecto
vivo	viviré	viví	vivía
vives	vivirás	viviste	vivías
vive	vivirá	vivió	vivía
vivimos	viviremos	vivimos	vivíamos
vivís	viviréis	vivisteis	vivíais
viven	vivirán	vivieron	vivían

Pretérito perfecto	Pretérito pluscuamperfecto
he vivido	había vivido
has vivido	habías vivido
ha vivido	había vivido
hemos vivido	habíamos vivido
habéis vivido	habíais vivido
han vivido	habían vivido

ESCRIBIR	Participio:
	Gerundio:

INDICATIVO

Presente	Futuro simple	Pretérito perfecto simple	Pretérito imperfecto

Pretérito perfecto	Pretérito pluscuamperfecto

RECIBIR	Participio: Gerundio:

INDICATIVO			
Presente	**Futuro simple**	**Pretérito perfecto simple**	**Pretérito imperfecto**
	Pretérito perfecto	**Pretérito pluscuamperfecto**	

SUBIR	Participio: Gerundio:

INDICATIVO			
Presente	**Futuro simple**	**Pretérito perfecto simple**	**Pretérito imperfecto**
	Pretérito perfecto	**Pretérito pluscuamperfecto**	

Verbos regulares - IR

ASISTIR	Participio: Gerundio:

INDICATIVO

Presente	Futuro simple	Pretérito perfecto simple	Pretérito imperfecto

Pretérito perfecto	Pretérito pluscuamperfecto

ADMITIR	Participio: Gerundio:

INDICATIVO

Presente	Futuro simple	Pretérito perfecto simple	Pretérito imperfecto

Pretérito perfecto	Pretérito pluscuamperfecto

ABURRIR		Participio:	
		Gerundio:	

INDICATIVO			
Presente	Futuro simple	Pretérito perfecto simple	Pretérito imperfecto
	Pretérito perfecto	Pretérito pluscuamperfecto	

DECIDIR		Participio:	
		Gerundio:	

INDICATIVO			
Presente	Futuro simple	Pretérito perfecto simple	Pretérito imperfecto
	Pretérito perfecto	Pretérito pluscuamperfecto	

Verbos regulares - IR

PERMITIR	Participio: Gerundio:

INDICATIVO

Presente	Futuro simple	Pretérito perfecto simple	Pretérito imperfecto
	Pretérito perfecto	Pretérito pluscuamperfecto	

DESCRIBIR	Participio: Gerundio:

INDICATIVO

Presente	Futuro simple	Pretérito perfecto simple	Pretérito imperfecto
	Pretérito perfecto	Pretérito pluscuamperfecto	

| AÑADIR | | Participio: |
| Gerundio: |

INDICATIVO			
Presente	Futuro simple	Pretérito perfecto simple	Pretérito imperfecto
	Pretérito perfecto	Pretérito pluscuamperfecto	

| EXISTIR | | Participio: |
| Gerundio: |

INDICATIVO			
Presente	Futuro simple	Pretérito perfecto simple	Pretérito imperfecto
	Pretérito perfecto	Pretérito pluscuamperfecto	

Verbos irregulares

VOLVER		Participio: vuelto Gerundio: volviendo	
INDICATIVO			
Presente	**Futuro simple**	**Pretérito perfecto simple**	**Pretérito imperfecto**
vuelvo	volveré	volví	volvía
vuelves	volverás	volviste	volvías
vuelve	volverá	volvió	volvía
volvemos	volveremos	volvimos	volvíamos
volvéis	volveréis	volvisteis	volvíais
vuelven	volverán	volvieron	volvían
	Pretérito perfecto	**Pretérito pluscuamperfecto**	
	he vuelto	había vuelto	
	has vuelto	habías vuelto	
	ha vuelto	había vuelto	
	hemos vuelto	habíamos vuelto	
	habéis vuelto	habíais vuelto	
	han vuelto	había vuelto	

PODER		Participio: Gerundio:	
INDICATIVO			
Presente	**Futuro simple**	**Pretérito perfecto simple**	**Pretérito imperfecto**
	Pretérito perfecto	**Pretérito pluscuamperfecto**	

DORMIR		Participio: Gerundio:	
INDICATIVO			
Presente	Futuro simple	Pretérito perfecto simple	Pretérito imperfecto
	Pretérito perfecto	Pretérito pluscuamperfecto	

ENCONTRAR		Participio: Gerundio:	
INDICATIVO			
Presente	Futuro simple	Pretérito perfecto simple	Pretérito imperfecto
	Pretérito perfecto	Pretérito pluscuamperfecto	

Verbos irregulares

CONTAR	Participio: Gerundio:

INDICATIVO			
Presente	Futuro simple	Pretérito perfecto simple	Pretérito imperfecto
	Pretérito perfecto	Pretérito pluscuamperfecto	

MOSTRAR	Participio: Gerundio:

INDICATIVO			
Presente	Futuro simple	Pretérito perfecto simple	Pretérito imperfecto
	Pretérito perfecto	Pretérito pluscuamperfecto	

PROBAR	Participio: Gerundio:

INDICATIVO

Presente	Futuro simple	Pretérito perfecto simple	Pretérito imperfecto

Pretérito perfecto	Pretérito pluscuamperfecto

MOVER	Participio: Gerundio:

INDICATIVO

Presente	Futuro simple	Pretérito perfecto simple	Pretérito imperfecto

Pretérito perfecto	Pretérito pluscuamperfecto

Verbos irregulares

EMPEZAR	Participio: Gerundio:

INDICATIVO			
Presente	Futuro simple	Pretérito perfecto simple	Pretérito imperfecto
	Pretérito perfecto	Pretérito pluscuamperfecto	

COMENZAR	Participio: Gerundio:

INDICATIVO			
Presente	Futuro simple	Pretérito perfecto simple	Pretérito imperfecto
	Pretérito perfecto	Pretérito pluscuamperfecto	

PENSAR	Participio: Gerundio:

INDICATIVO

Presente	Futuro simple	Pretérito perfecto simple	Pretérito imperfecto
	Pretérito perfecto	Pretérito pluscuamperfecto	

QUERER	Participio: Gerundio:

INDICATIVO

Presente	Futuro simple	Pretérito perfecto simple	Pretérito imperfecto
	Pretérito perfecto	Pretérito pluscuamperfecto	

Verbos irregulares

ENTENDER		Participio: Gerundio:	
INDICATIVO			
Presente	Futuro simple	Pretérito perfecto simple	Pretérito imperfecto
	Pretérito perfecto	Pretérito pluscuamperfecto	

SENTIR		Participio: Gerundio:	
INDICATIVO			
Presente	Futuro simple	Pretérito perfecto simple	Pretérito imperfecto
	Pretérito perfecto	Pretérito pluscuamperfecto	

PREFERIR		Participio: Gerundio:	

INDICATIVO			
Presente	Futuro simple	Pretérito perfecto simple	Pretérito imperfecto
	Pretérito perfecto	Pretérito pluscuamperfecto	

MENTIR		Participio: Gerundio:	

INDICATIVO			
Presente	Futuro simple	Pretérito perfecto simple	Pretérito imperfecto
	Pretérito perfecto	Pretérito pluscuamperfecto	

Verbos irregulares

CERRAR	Participio: Gerundio:

INDICATIVO			
Presente	Futuro simple	Pretérito perfecto simple	Pretérito imperfecto
	Pretérito perfecto	Pretérito pluscuamperfecto	

NEGAR	Participio: Gerundio:

INDICATIVO			
Presente	Futuro simple	Pretérito perfecto simple	Pretérito imperfecto
	Pretérito perfecto	Pretérito pluscuamperfecto	

PEDIR	Participio: Gerundio:

INDICATIVO

Presente	Futuro simple	Pretérito perfecto simple	Pretérito imperfecto
	Pretérito perfecto	Pretérito pluscuamperfecto	

REPETIR	Participio: Gerundio:

INDICATIVO

Presente	Futuro simple	Pretérito perfecto simple	Pretérito imperfecto
	Pretérito perfecto	Pretérito pluscuamperfecto	

Verbos irregulares

SERVIR	Participio:
	Gerundio:

INDICATIVO

Presente	Futuro simple	Pretérito perfecto simple	Pretérito imperfecto

Pretérito perfecto	Pretérito pluscuamperfecto

SEGUIR	Participio:
	Gerundio:

INDICATIVO

Presente	Futuro simple	Pretérito perfecto simple	Pretérito imperfecto

Pretérito perfecto	Pretérito pluscuamperfecto

SER

Participio:
Gerundio:

INDICATIVO

Presente	Futuro simple	Pretérito perfecto simple	Pretérito imperfecto
	Pretérito perfecto	Pretérito pluscuamperfecto	

ESTAR

Participio:
Gerundio:

INDICATIVO

Presente	Futuro simple	Pretérito perfecto simple	Pretérito imperfecto
	Pretérito perfecto	Pretérito pluscuamperfecto	

Verbos irregulares

DAR	Participio: Gerundio:

INDICATIVO			
Presente	Futuro simple	Pretérito perfecto simple	Pretérito imperfecto
	Pretérito perfecto	Pretérito pluscuamperfecto	

HACER	Participio: Gerundio:

INDICATIVO			
Presente	Futuro simple	Pretérito perfecto simple	Pretérito imperfecto
	Pretérito perfecto	Pretérito pluscuamperfecto	

| TENER | Participio: |
| | Gerundio: |

INDICATIVO

Presente	Futuro simple	Pretérito perfecto simple	Pretérito imperfecto
	Pretérito perfecto	Pretérito pluscuamperfecto	

| DECIR | Participio: |
| | Gerundio: |

INDICATIVO

Presente	Futuro simple	Pretérito perfecto simple	Pretérito imperfecto
	Pretérito perfecto	Pretérito pluscuamperfecto	

Verbos irregulares

CONOCER	Participio:
	Gerundio:

INDICATIVO			
Presente	Futuro simple	Pretérito perfecto simple	Pretérito imperfecto

Pretérito perfecto	Pretérito pluscuamperfecto

SABER	Participio:
	Gerundio:

INDICATIVO			
Presente	Futuro simple	Pretérito perfecto simple	Pretérito imperfecto

Pretérito perfecto	Pretérito pluscuamperfecto

IR	Participio: Gerundio:

INDICATIVO			
Presente	Futuro simple	Pretérito perfecto simple	Pretérito imperfecto
	Pretérito perfecto	Pretérito pluscuamperfecto	

TRAER	Participio: Gerundio:

INDICATIVO			
Presente	Futuro simple	Pretérito perfecto simple	Pretérito imperfecto
	Pretérito perfecto	Pretérito pluscuamperfecto	

Verbos irregulares

| PONER | Participio: |
| | Gerundio: |

INDICATIVO

Presente	Futuro simple	Pretérito perfecto simple	Pretérito imperfecto

Pretérito perfecto	Pretérito pluscuamperfecto

| VENIR | Participio: |
| | Gerundio: |

INDICATIVO

Presente	Futuro simple	Pretérito perfecto simple	Pretérito imperfecto

Pretérito perfecto	Pretérito pluscuamperfecto

PARECER	Participio: Gerundio:

INDICATIVO

Presente	Futuro simple	Pretérito perfecto simple	Pretérito imperfecto

Pretérito perfecto	Pretérito pluscuamperfecto

SALIR	Participio: Gerundio:

INDICATIVO

Presente	Futuro simple	Pretérito perfecto simple	Pretérito imperfecto

Pretérito perfecto	Pretérito pluscuamperfecto

Verbos reflexivos

LLAMARSE

Participio: llamado
Gerundio: llamándose

INDICATIVO

Presente	Futuro simple	Pretérito perfecto simple	Pretérito imperfecto
me llamo	me llamaré	me llamé	me llamaba
te llamas	te llamarás	te llamaste	te llamabas
se llama	se llamará	se llamó	se llamaba
nos llamamos	nos llamaremos	nos llamamos	nos llamábamos
os llamáis	os llamaréis	os llamasteis	os llamabais
se llaman	se llamarán	se llamaron	se llamaban

Pretérito perfecto	Pretérito pluscuamperfecto
me he llamado	me había llamado
te has llamado	te habías llamado
se ha llamado	se había llamado
nos hemos llamado	nos habíamos llamado
os habéis llamado	os habíais llamado
se han llamado	se habían llamado

DESPERTARSE

Participio:
Gerundio:

INDICATIVO

Presente	Futuro simple	Pretérito perfecto simple	Pretérito imperfecto

Pretérito perfecto	Pretérito pluscuamperfecto

LAVARSE		Participio: Gerundio:	
INDICATIVO			
Presente	Futuro simple	Pretérito perfecto simple	Pretérito imperfecto
	Pretérito perfecto	Pretérito pluscuamperfecto	

VESTIRSE		Participio: Gerundio:	
INDICATIVO			
Presente	Futuro simple	Pretérito perfecto simple	Pretérito imperfecto
	Pretérito perfecto	Pretérito pluscuamperfecto	

Verbos reflexivos

LEVANTARSE	Participio: Gerundio:

INDICATIVO

Presente	Futuro simple	Pretérito perfecto simple	Pretérito imperfecto

	Pretérito perfecto	Pretérito pluscuamperfecto	

CASARSE	Participio: Gerundio:

INDICATIVO

Presente	Futuro simple	Pretérito perfecto simple	Pretérito imperfecto

	Pretérito perfecto	Pretérito pluscuamperfecto	

Bank

¡Español conmigo!

Gramática y Cultura
Español para comenzar

Cervantes   Don Quijote   PIC-SSO   Las Meninas   Diego Velázquez

dongyangbooks

¡Español conmigo!

초판 1쇄 발행 | 2023년 3월 20일

지은이 | 최지영
발행인 | 김태웅
편　집 | 김현아
마케팅 | 나재승
제　작 | 현대순

발행처 | (주)동양북스
등　록 | 제 2014-000055호
주　소 | 서울시 마포구 동교로 22길 14 (04030)
구입문의 | 전화 (02)337-1737 팩스 (02)334-6624
내용문의 | 전화 (02)337-1762 dybooks2@gmail.com

ISBN 979-11-5768-866-1 03770

http://www.dongyangbooks.com

WELCOME TO SPAIN

Ji Young Choi

Ha estudiado un grado y un máster de Español en Hankuk University of Foreign Studies (HUFS). Realizó un máster y un doctorado en Lingüística Española, especializado en lexicología en la Universidad Complutense de Madrid (UCM). Actualmente es profesora de español en HUFS y en Korea University.

Agradecimento

Les doy mi más sincero agradecimiento a Rocío Carrasco Martinez y Yara Tejera Santana, cuya ayuda ha resultado imprescindible en la revisión del manual, y también a Arturo Gallego Bonet y Belén Coarasa Molina por prestar sus voces para la grabación del manual.

	Contenidos socioculturales La Selectividad en España	
5	**Contenidos comunicativos** **Actividades diarias** **Preguntas y respuestas** **Expresar la cantidad**	
¿Qué haces?	**Conocimientos lingüísticos** - Partículas interrogativos - Oraciones intrrogativas directas - Muy & Mucho	
	Contenidos socioculturales ¿Sabes qué es el botellón?	
6	**Contenidos comunicativos** **Hablar de planes y proyectos** **Expresar una acción en progreso**	
¿Qué plan tienes?	**Conocimientos lingüísticos** - Perífrasis verbal en español - Formas no personales de los verbos: infinitivos, participio y gerundio - Perífrasis verbal ESTAR+GERUNDIO	
	Contenidos socioculturales ¿Fútbol y fuentes?	
7	**Contenidos comunicativos** **Expresar tu gusto y tu afición** **Hablar de tu opinión**	
¿Qué te gusta?	**Conocimientos lingüísticos** - Complemento directo e indirecto - Estructura del verbo GUSTAR - Alternativas al verbo GUSTAR	
	Contenidos socioculturales Somos opositores	
8	**Contenidos comunicativos** **Hablar de tu rutina** **Voces repetidas por hábito**	
¿Te levantas temprano?	**Conocimientos lingüísticos** - Verbos reflexivos - Pronombres reflexivos - Muletillas en español	
	Contenidos socioculturales ¿Cómo es la siesta en España?	

ÍNDICE

En todas las unidades vamos a encontrar TRES SECCIONES:

Contenidos comunicativos, lingüísticos y socioculturales.

En la sección

"Contenidos comunicativos"

se muestran diálogos que contienen la gramática que vamos a estudiar en cada unidad. De esta forma, podemos analizar una pequeña muestra conversacional entre españoles. Sobre todo, vamos a aprender cómo hablar de forma natural, como los nativos, estudiando algunas expresiones, vocabulario adecuado, muletillas, etc., que se usan en el habla cotidiana de los españoles y le aportan fluidez y naturalidad a la conversación.

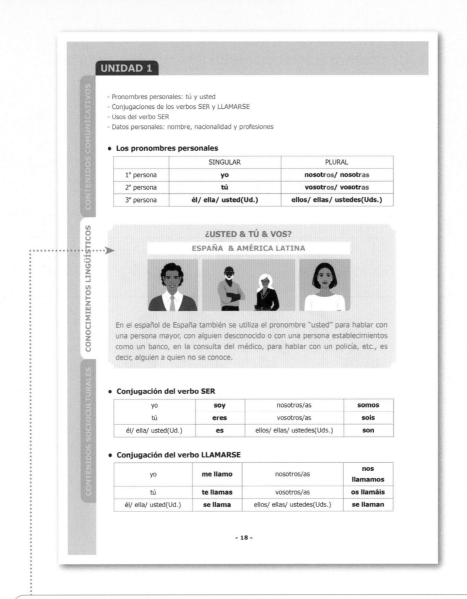

UNIDAD 1

- Pronombres personales: tú y usted
- Conjugaciones de los verbos SER y LLAMARSE
- Usos del verbo SER
- Datos personales: nombre, nacionalidad y profesiones

• **Los pronombres personales**

	SINGULAR	PLURAL
1ª persona	**yo**	**nosotros/ nosotras**
2ª persona	**tú**	**vosotros/ vosotras**
3ª persona	**él/ ella/ usted(Ud.)**	**ellos/ ellas/ ustedes(Uds.)**

¿USTED & TÚ & VOS?
ESPAÑA & AMÉRICA LATINA

En el español de España también se utiliza el pronombre "usted" para hablar con una persona mayor, con alguien desconocido o con una persona establecimientos como un banco, en la consulta del médico, para hablar con un policía, etc., es decir, alguien a quien no se conoce.

• **Conjugación del verbo SER**

yo	**soy**	nosotros/as	**somos**
tú	**eres**	vosotros/as	**sois**
él/ ella/ usted(Ud.)	**es**	ellos/ ellas/ ustedes(Uds.)	**son**

• **Conjugación del verbo LLAMARSE**

yo	**me llamo**	nosotros/as	**nos llamamos**
tú	**te llamas**	vosotros/as	**os llamáis**
él/ ella/ usted(Ud.)	**se llama**	ellos/ ellas/ ustedes(Uds.)	**se llaman**

- 18 -

CONTENIDOS COMUNICATIVOS

CONOCIMIENTOS LINGÜÍSTICOS

CONTENIDOS SOCIOCULTURALES

En el apartado

"Contenido lingüístico"

se muestran elementos básicos de la gramática española para principiantes. Este contenido recoge lo más fundamental para seguir el desarrollo del estudio del español, además de palabras de uso frecuente en el habla actual castellano. Después de cada concepto gramatical, se ofrecen ejemplos para poder ver el uso de estos y algunos ejercicios que servirán como practica para que el estudiante aprenda e interiorice los usos de lo estudiado. Además, en los ejercicios encontramos ejemplos de situaciones actuales de la sociedad española contemporánea, por lo que se cumplen dos objetivos: aprender el uso de la lengua y cómo se comportan los españoles en determinadas situaciones.

UNIDAD 1 El carácter de los españoles

¿Cómo son los españoles?
¿Es cierta la imagen que tenemos de ellos?

Los españoles **son apasionados y orgullosos.**

La mayoría de los españoles se enorgullecen de ser españoles, pero no en sentido patriótico, sino más bien por las regiones en las que viven: su ciudad, su familia, su gastronomía, los barrios en los que se han criado, de sus amigos, de sus tradiciones, etc. Es decir, se sienten apasionados y orgullosos de todo lo que representa su región y algo que suelen decir a menudo "Como en España en ningún sitio".

Los españoles **son alegres y abiertos.**

Según estudios realizados, los españoles son los europeos más satisfechos con su vida. Son alegres, simpáticos, amables, sonrientes y esto los lleva a ser hospitalarios con los demás. En España hay una mayor sensación de libertad, en concreto, no sienten la presión de la sociedad para tomar decisiones a nivel personal: formar una familia, casarse, encontrar trabajo, cambiar de vivienda, etc. En otras palabras, la gente española no piensa mucho en lo que piensan otros y viven disfrutando de su vida.

Los españoles **son expresivos y sociables.**

Las personas españolas tienen una cara muy expresiva y sonriente, por eso parece

- 28 -

Por último, al final de cada unidad tenemos el apartado de
"Contenido sociocultural"
donde nos encontramos pequeñas píldoras culturales para que el estudiante coreano se adentre un poco más en la cultura española. Esto es importante porque, como en todos los idiomas, conocer su cultura ayuda a comprender mejor la lengua y la mejor manera de usarla.

Aunque este manual está enfocado a estudiantes principiantes, se han incluido elementos culturales para conseguir un acercamiento más personal a ciertos aspectos de la vida española que, en un futuro, podrían ayudar a las personas que trabajen con este manual para un mejor entendimiento de la cultura española. Los temas recogidos en estas secciones tratan sobre la sociedad, la vida cotidiana, las costumbres actuales, etc.

1. Las vocales

a	e	i	o	u
Asi**a**	**e**spañol	Ib**i**za	Di**o**s	h**u**evo

2. Las consonantes

b	bebé, béisbol, bonito	
c	**a, o, u** **ca**sa, **co**sa, **cu**ba	**e, i** **ce**ro, **ce**rveza, enton**ce**s **ci**ne, bi**ci**, **ci**udad

Sonido de CE & CI & Z

La pronunciación de las consonantes **C** y **Z** es importante, porque hay palabras casi iguales que solo se diferencian en ese sonido e limplica significados diferentes:

"Sara" y "Zara", "casa" y "caza"

/sara/

/ θara/

/kasa/

/kaθa/

Sin embargo, hay otras palabras en las que una pronunciación u otra no conlleva un cambio de significado: /silenθio/ o /θilencio/. Este fenómeno se puede encontrar en algunas variedades del español, como la hablada en Andalucía.

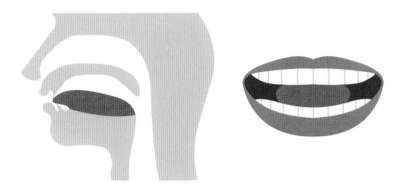

Para pronunciar la consonante **C** con las vocales **i** y **e** hay que colocar la lengua entre los dientes delanteros y soltar aire. Su articulación es interdental fricativa sorda: los labios entreabiertos, la lengua se coloca entre los dientes superiores e inferiores y se deja salir el aire. Si observas a un nativo hablar, verás que cuando pronuncia este sonido (la **C** y la **Z**), su lengua asoma entre sus dientes.

d	Dios, drama, adorar	
f	café, foto, Francia La consonante F es un sonido fricativo. Tenemos que apoyar los dientes superiores en el labio inferior y dejamos salir el aire.	
g	**a, o, u** **ga**to, **go**ya, **gu**apo	**e, i** **ge**neral, **gi**gante, **gi**mnasio

¡OJO!

La pronunciación GE y GI se hace de manera más fuerte con la garganta, mientras que los sonidos de GUE, GUI, GÜE y GÜI son un sonido suave. La diéresis (¨) se usa para poder pronunciar la U, cuando acompaña a la E o I. Sin la diéresis, la U no se pronuncia.

gu — e: gue
     i: gui

gue: Mi**gue**l, **gue**rra **gui:** **gui**tarra, **guí**a	**güe:** bilin**güe**, ver**güe**nza **güi:** lin**güi**sta, **güi**squi

h	hola, helado, hermano
j	jamón, joven, trabajar
k	kiwi, koala, kilo
l	limón, libro, elevar
m	mano, mamá, empleo
n	número, nombre, entrar
ñ	España, señorita, niño
p	pan, papá, pensar
q	quiosco, quizás, quedar
r	**1.** Si está al principio de la palabra, hay que hacer vibrar la lengua en la parte de detrás de los dientes: **r**ubio, **R**oma, **r**adio.

	2. Si está en medio de la palabra, se pronuncia de forma más suave, con la lengua relajada: dine**r**o, habla**r**, directo**r**. **3.** Cuando aparece el fonema repetido -rr- se pronuncia igual que en el primer caso, vibrando la lengua: pe**rr**o, ce**rr**ar, inte**rr**ogativo.
s	salsa, sol, Sevilla
t	té, terraza, antiguo
v	televisión, vacaciones, verano
w	whatsapp, wifi, waterpolo
x	**1.** ks: examen, taxi, extranjero **2.** s: xilófono, xenofobia, Xabi **3.** j: México, Texas
y	**y + vocal** ya: yate ye: yegua yi: ensayismo yo: yoga yu: yugoslavo	**vocal + y** Paraguay hoy hay muy soy
z	Zara, zumo, zapato

3. Dígrafos

Existen otras dos "letras" que no se incluyen en el abecedario porque en realidad son dígrafos **ch** y **ll**. Estos dígrafos están formados por dos letras C y H, L y L, pero representan un solo fonema.

ch	**cha** luchar	**che** leche	**chi** china	**cho** chocolate	**chu** churro

ll	**lla** llave	**lle** llegar	**lli** apellido	**llo** llover	**llu** lluvia

¿Dónde recae el golpe de voz? ¿Qué vocal se pronuncia más fuerte?

¿España?   ¿Esp**a**ña?   ¿Españ**a**?

Acento y tilde
¿Qué son el acento y la tilde?

El acento es un golpe de voz más fuerte en una vocal o sílaba. En cambio, la tilde es un signo gráfico que se pone sobre la vocal que se pronuncia más fuerte. En español, todas las palabras tienen acento (golpe de voz), pero solo algunas llevan tilde gráfica.

USO DE LA TILDE

1. **Monosílabos:** palabras de una sílaba que, por regla general, no llevan tilde porque **no tienen acento gráfico**, salvo en los casos de tilde diacrítica.

2. **Agudas:** palabras cuya sílaba tónica es la última. Cuando una palabra **termina en -n, -s o vocal**, la tilde recae sobre la última sílaba de la palabra.

Madrid	MadrId	**universidad**	universidAd
español	españOl	**inglés**	inglÉs
canción	canciÓn	**arroz**	arrOz

3. **Llanas:** palabras cuya sílaba tónica es la penúltima. Cuando una palabra **no termina en -n, -s o vocal**, la tilde recae sobre la penúltima sílaba de la palabra.

casa	cAsa	**lápiz**	lÁpiz
joven	jOven	**chocolate**	chocolAte
lunes	lUnes	**tijeras**	tijEras

4. **Esdrújulas:** palabras cuya sílaba tónica en la antepenúltima. Este tipo de palabras **siempre llevan tilde**. Cuando una palabra lleva una tilde, el golpe de voz o el acento recae en esa vocal.

helicóptero	helicÓptero	música	mÚsica
México	MÉxico	**esdrújula**	esdrÚjula
gramática	gramÁtica	**mecánico**	mecÁnico

EL DIPTONGO Y EL HIATO

1. El diptongo: un diptongo es una combinación de dos vocales que **forman una sola sílaba**.

2. El hiato: se produce cuando dos vocales **se pronuncian en sílabas distintas**.

Para saber cómo se forman los diptongos y los hiatos, tenemos que conocer que en español existen dos grupos de vocales: **abiertas** y **cerradas**.

Vocales Abiertas (VA)	Vocales Cerradas (VC)
a e o	i u

El diptongo y **el hiato** son fenómenos opuestos en la lengua. Tipos de diptongos y de hiatos según su combinación:

DIPTONGO	HIATO
Forman **una sola sílaba**	Se pronuncian **en sílabas diferentes**
Decreciente VA + VC (átona): p**ai**saje, **au**la	**Hiato acentual** VA + VC (tónica): S**eú**l, eg**oí**sta VC (tónica) + VA: fr**ío**, sand**ía**
Creciente VC (átona) + VA: tamb**ié**n, p**ue**s	**Hiato de vocal repetida (átona)** cr**ee**r, micr**oo**ndas
Homogéneo VC (átona) + VC (átona): v**iu**da, c**ui**dar	**Hiato simple** VA + VA: a**e**ropuerto, p**oe**ta

¡HOLA!
¿CÓMO TE LLAMAS?

Álvaro: ¡Hola, buenos días!

Raquel: ¡Hola! ¿Cómo te llamas?

Álvaro: Me llamo Álvaro. Mucho gusto.

Raquel: Encantada. Me llamo Raquel. ¿De dónde eres?

Álvaro: Soy francés. ¿Tú eres de España?

Raquel: Sí, soy española.

Raquel: Oye, ¿a qué te dedicas?

Álvaro: Soy abogado. ¿Y tú?

Raquel: Soy profesora de español en un instituto.

Álvaro: ¡Oh, qué interesante! ¿Y cómo son tus alumnos?

Raquel: Son muy simpáticos y alegres.

Álvaro: ¡Qué guay!

¿Cómo saludar y despedirse en español?

SALUDOS	DESPEDIDAS
¡Buenos días!	¡Hasta luego!
¡Buenas tardes!	¡Hasta mañana!
¡Buenas noches!	¡Hasta pronto!
¿Qué tal?	¡Hasta ahora!
¿Cómo estás?	¡Nos vemos!
¡Hola, buenas!	¡Adiós!
Encantado.	¡Chao!
Mucho gusto.	¡Buen día!
Me alegro de conocerte.	¡Buen fin de semana!

- Pronombres personales: tú y usted
- Conjugaciones de los verbos SER y LLAMARSE
- Usos del verbo SER
- Datos personales: nombre, nacionalidad y profesiones

● Los pronombres personales

	SINGULAR	PLURAL
1ª persona	**yo**	**nosotros/ nosotras**
2ª persona	**tú**	**vosotros/ vosotras**
3ª persona	**él/ ella/ usted(Ud.)**	**ellos/ ellas/ ustedes(Uds.)**

¿USTED & TÚ & VOS?

ESPAÑA & AMÉRICA LATINA

En el español de España también se utiliza el pronombre "usted" para hablar con una persona mayor, con alguien desconocido o con una persona establecimientos como un banco, en la consulta del médico, para hablar con un policía, etc., és decir, alguien a quien no se conoce.

● Conjugación del verbo SER

yo	**soy**	nosotros/as	**somos**
tú	**eres**	vosotros/as	**sois**
él/ ella/ usted(Ud.)	**es**	ellos/ ellas/ ustedes(Uds.)	**son**

● Conjugación del verbo LLAMARSE

yo	**me llamo**	nosotros/as	**nos llamamos**
tú	**te llamas**	vosotros/as	**os llamáis**
él/ ella/ usted(Ud.)	**se llama**	ellos/ ellas/ ustedes(Uds.)	**se llaman**

- **Usos el verbo SER**

   Se usa para hablar de características que no cambian, es decir, aquello que se refiere a algo permanente. Por ejemplo, tu nombre, tu nacionalidad, tu profesión, tu carácter, tu religión.

- **Nombre**	**Soy** Eva/ **Eres** Juan.
- **Nacionalidad**	**Somos** coreanos/ Ellos **son** españoles.
- **Profesión**	Él **es** profesor/ María **es** abogada.
- **Carácter**	**Sois** simpáticos/ **Soy** amable.
- **Religión**	Carmen **es** católica/ **Eres** cristiano/budista.

A continuación, vamos a ver el vocabulario relativo a la nacionalidad y a las profesiones. Practica con tus compañeros preguntando su nacionalidad y su profesión. Después, completa con el gentilicio correcto según su nacionalidad.

- **Nacionalidad**

¿De dónde eres?

EUROPA			
País	**Gentilicio**	**País**	**Gentilicio**
ESPAÑA	español española	**FRANCIA**	francés francesa
INGLATERRA	_____ _____	**ALEMANIA**	_____ _____
NORUEGA	_____ _____	**SUIZA**	_____ _____
PORTUGAL	_____ _____	**ITALIA**	_____ _____
ASIA			
COREA	coreano coreana	**CHINA**	chino china
JAPÓN	_____ _____	**VIETNAM**	_____ _____

ASIA			
País	**Gentilicio**	**País**	**Gentilicio**
SINGAPUR	_____	TAILANDIA	_____
FILIPINAS	_____	LA INDIA	_____
AMÉRICA LATINA			
MÉXICO	mexicano mexicana	CUBA	cubano cubana
PERÚ	_____	COLOMBIA	_____
ARGENTINA	_____	CHILE	_____

¿De dónde eres?

- **Yo** soy coreano.
- **Daniel** es estadounidense.
- **María** es francesa.
- Mi compañera **Julia** es inglesa

- Soy de Corea.
- Daniel es de Estados Unidos.
- María es de Francia.
- Mi compañera Julia es de Inglaterra.

Ahora, ¡somos españoles! Dentro de España tenemos diferentes Comunidades Autónomas, y dentro de ellas, diferentes provincias. Para el siguiente ejercicio, vamos a escribir en los huecos el gentilicio correcto dependiendo de la ciudad en la que se encuentre la persona.

1. Jaime es _____ (Galicia).

2. La abuela de Laura es _____ (Andalucía).

3. El abogado de la empresa es _____ (Madrid).

4. Los estudiantes de mi clase son _____ (Barcelona).

5. Mi tío es _____ (Sevilla) y mi tía es _____ (Málaga).

- **Profesiones**

TIPOS DE TRABAJOS

Abogado	Profesor	Funcionario
Médico	Cantante	Camarero
Youtuber o Blogger	Gamer	Escritor
Arquitecto	Presentador	Actor
Policía	Ingeniero	Fotógrafo
Periodista	Piloto	Cocinero

CONTENIDOS COMUNICATIVOS

CONOCIMIENTOS LINGÜÍSTICOS

CONTENIDOS SOCIOCULTURALES

¿A qué te dedicas, José?
- Soy cantante. ¿Y tú?
- Yo soy cocinera.

¿Y tus padres o tu familia? ¿Y tus amigos?
-Mis padre**s** **son** funcionario**s**.
-Mi prim**a** **es** fotógraf**a**.

Teniendo en cuenta las profesiones anteriores, en parejas o grupos, responded a las siguientes preguntas:

¿A qué te dedicas?   **¿En qué trabajas?**

Soy _____ .   Soy _____ .

¿En qué trabaja tu hermano?

Mi hermano es _____ .

¿A qué se dedican tus hijos?

Mi hijo es _____ y mi hija es _____ .

Expresa cualidades esenciales o características permanentes del sujeto, es decir, SER se relaciona con la esencia del sujeto como la forma 'A=B', por ejemplo, la hora, los días de la semana, los meses, descripciones emocionales o físicas de una persona, etc.

Corea es bonita

A = B

- Hora	**Son** las dos de la tarde.
- Días de la semana	Hoy **es** martes. Mañana **es** el fin de semana.
- Descripción	El yoga y el pilates **son** saludables. La comida española **es** rica.
-Descripción de persona	A: ¿Cómo **es** Gema? B: **Es** muy simpática. C: **Es** rubia, morena y guapa.
-Descripción de objeto	A: ¿Cómo **es** la mesa? B: **Es** redonda y antigua.

Para este uso del verbo SER vamos a estudiar los adjetivos calificativos y los días de la semana.

- **Adjetivos calificativos**

    Son aquellos que nos hablan de las cualidades o características de la persona, cosa o lugar que estamos describiendo.

¿Cómo es **el perro?**

El perr**o** es pelud**o** y pequeñ**o**.

¿Cómo es **la gata?**

La gata es _____ y _____ .

MP3
01-02

Perro	blanco peludo pequeño cariñoso fiel	**Gato**	atigrado marrón silencioso ágil
Sofá	cómodo rectangular antiguo grande	**Edificio**	alto bajo seguro ancho moderno
Móvil/Teléfono	nuevo caro barato manejable	**Tableta**	rápida útil intuitiva ergonómica
Mensaje	largo corto gracioso emotivo positivo	**RRSS (Redes sociales)**	interesantes divertidas instantáneas interactivas internacionales
Auriculares inalámbricos	bonitos gratuitos sencillo prácticos	**Funda de móvil**	blanda dura suave rígida
Mi compañero, David	alegre rubio moreno guapo inteligente	**Mi hermana, Patricia**	responsable social amable atractiva guapa

Practica con tus compañeros preguntando qué día es hoy.

- **Los días de la semana**

¿Qué día es hoy?

Hoy es sábado.

¿Qué día es mañana?

Mañana es _____.

Los días de la semana

Días entre semana
Lunes (L)
Martes (M)
Miércoles (X)
Jueves (J)

Fin de semana
Viernes (V)
Sábado (S)
Domingo (D)

¿Qué día es tu boda?
Mi boda es el viernes.

El examen final es _____.

La entrevista de trabajo es _____.

¿Cómo son los españoles?
¿Es cierta la imagen que tenemos de ellos?

Los españoles **son apasionados y orgullosos.**

La mayoría de los españoles se enorgullecen de ser españoles, pero no en sentido patriótico, sino más bien por las regiones en las que viven: su ciudad, su familia, su gastronomía, los barrios en los que se han criado, sus amigos, sus tradiciones, etc. Es decir, se sienten apasionados y orgullosos de todo lo que representa su región y algo que suelen decir a menudo es "Como en España en ningún sitio".

Los españoles **son alegres y abiertos.**

Según estudios realizados, los españoles son los europeos más satisfechos con su vida. Son alegres, simpáticos, amables, sonrientes y esto los lleva a ser hospitalarios con los demás. En España hay una mayor sensación de libertad, en concreto, no sienten la presión de la sociedad para tomar decisiones a nivel personal: formar una familia, casarse, encontrar trabajo, cambiar de vivienda, etc. En otras palabras, la gente española no piensa mucho en lo que piensan otros y viven disfrutando de su vida.

Los españoles **son expresivos y sociables.**

Las personas españolas tienen una cara muy expresiva y sonriente, por eso parece que pueden expresar sin pronunciar palabras. La comunicación de los españoles se basa en mucha gestualidad con manos y rostro, por lo que provocan una sensación de aceptación a aquellos que los escuchan, aunque seas alguien a quien no conocen. Por eso, puede resultar fácil entablar amistad con una persona española porque su forma de relacionarse con los demás es abierta y te hacen sentir uno más en su grupo.

Los españoles **son directos, pero no siempre.**
Son directos y suelen expresar lo que sienten. No obstante, ellos son indirectos en algunas situaciones si no pueden ser sinceros, como cuando hay que rechazar un plan. Existe una amabilidad fingida que se resume muy bien en la famosa expresión "¡A ver cuándo nos vemos!" Esta expresión es muy usada cuando no quieren ser bordes con otras personas, así que dejan ver que tienen intención de quedar en un futuro, pero esa quedada... nunca llega. Cuando un español quiere rechazar una quedada con alguien no te va a decir, "No quiero quedar contigo", pero te dirán "Me alegro de verte, ¡a ver si nos vemos!".

Los españoles y **su amor por sus familias.**
Si preguntamos a un español "¿Qué es lo más importante de su vida?", la gran mayoría te responderá que lo más importante es su familia. Para los españoles, el respeto y la prioridad de su familia son principios importantes y culturales. Por ejemplo, los españoles suelen pasar los fines de semana, días festivos y festividades como Nochebuena o Nochevieja en familia. Cuando se reúnen, no se hacen preguntas sobre cosas que pueden provocar sentimientos desagradables o molestos para un familiar porque se respeta la libertad de cada uno. Aunque todos los padres quieren que sus hijos sean exitosos en la vida: que tengan buen trabajo, buenas notas, una pareja que les cuide, etc., no presionan para que ese sea el objetivo único. Esto es el respeto y la libertad que existen en las familias y cada uno sigue su ritmo y sus decisiones.

Los españoles **no son buenos en inglés.**
Los coreanos, durante toda su vida de estudiantes, estudian y trabajan el inglés para mejorarlo, pero suelen sentir inseguridad o vergüenza al hablarlo y a los españoles les pasa lo mismo. Hay muchos debates sobre cómo mejorar el nivel de inglés de los españoles como en Corea, pero de momento, el nivel es bajo en comparación con otros europeos y no logran un alto nivel en la pronunciación.

¿CÓMO ESTÁS?

¿Cómo son los estudiantes universitarios en España?

Vestimenta informal

Sociables y simpáticos, alegres con sus compañeros

Atentos en la clase

Participativos

- Artículo determinado e indeterminado
- Género de sustantivos
- Concordancia de artículos, adjetivos y sustantivos
- Usos del verbo ESTAR

MÓVIL/CAFÉ
masculino
CASA/TABLETA
femenino

● **El género**

| Móvil | Café | | Casa | Tableta |

● **Artículo determinado e indeterminado**

Compro ⬤ libro.

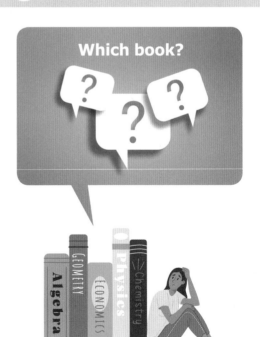

Which book?

- **Los artículos determinados**

  Se usan delante de sustantivos que denotan personas, objetos o animales conocidos o ya identificados, es decir, información ya conocida.

	SINGULAR	PLURAL
Masculino	**el**	**los**
Femenino	**la**	**las**

- **Los artículos indeterminados**

  Se utilizan delante de sustantivos que denotan personas, objetos o animales no identificados, no conocidos.

	SINGULAR	PLURAL
Masculino	**un**	**unos**
Femenino	**una**	**unas**

Completa los huecos poniendo el artículo correspondiente en las siguientes conversaciones.

Adrián: _____ **kpop** tiene mucho éxito.

Paula: Sí, es verdad. _____ **artistas coreanos** son muy buenos.

Adrián: Además, _____ **grupos** componen sus canciones.

Paula: Tienes razón. _____ **grupo 'ABC'** es buenísimo.

Valeria: ¿Conoces _____ **paella** y _____ **patatas bravas**?

Diego: Sí. Me gustan. Son mis comidas favoritas. ¿Y las tuyas?

Valeria: Mmm... me gusta _____ **pollo** y _____ **berenjena con miel**.

Diego: Está rico. Me gusta comer _____ **pollo** con _____ **cerveza**.

- **El género de los sustantivos**

  El género es una característica gramatical que tiene varias categorías: sustantivos, adjetivos, artículos y participios. En la siguiente tabla, podemos ver las reglas que siguen los sustantivos para formar sus versiones masculinas o femeninas, dependiendo de sus terminaciones.

MASCULINOS		EXCEP.	FEMENINOS		EXCEP.
-o	El amig**o** El chic**o** El perr**o** El gat**o** El libr**o** El plat**o**	La foto La mano La moto	**-a**	La amig**a** La chic**a** La perr**a** La gat**a** La cam**a** La cas**a**	El día El mapa
-or	El cal**or** El dol**or** El col**or** El ordenad**or**	La flor	**-dad** **-tad** **-tud**	La universi**dad** La liber**tad** La facul**tad** La juven**tud**	
-aje	El vi**aje** El pas**aje** El tr**aje**		**-umbre**	La c**umbre** La cost**umbre** La leg**umbre**	
-ma	El proble**ma** El cli**ma** El idio**ma**	La crema La cama	**-z**	La nari**z** La pa**z** La cru**z**	El lápiz El arroz
-an **-án** **-ón**	El p**an** El im**án** El cami**ón** El coraz**ón**		**-ción** **-sión** **-tión**	La solu**ción** La conclu**sión** La televi**sión** La cues**tión**	

Existen algunos **sustantivos que no tienen una forma masculina o femenina**, sino que se usa la misma forma para ambos géneros (el piloto – la piloto). También nos encontramos con **sustantivos heterónimos**, aquellos que tienen una raíz diferente para el género masculino y el femenino (padre-madre).

MASCULINOS		FEMENINOS		MASCULINOS		FEMENINOS	
El	estudiante cantante artista periodista turista modelo colega	**La**	estudiante cantante artista periodista turista modelo colega	**El**	hombre padre rey actor toro poeta caballo	**La**	mujer madre reina actriz vaca poetisa yegua

Completa los huecos poniendo el artículo correspondiente en cada caso.

1. _____ cuarto

2. _____ estadio

3. _____ escalera

4. _____ puertas

5. _____ ascensores

6. _____ alimentación

- **El género y el número de los adjetivos**

TIPOS	NÚMERO	EJEMPLOS
Adjetivos VARIABLES: dos terminaciones dependiendo del género **bonito, guapo, simpático, majo, rubio, moreno, etc.**	Singular	El bonit**o** gest**o** La cas**a** bonit**a**
	Plural	Las buen**as** notici**as** Los amig**os** buen**os** Los chic**os** moren**os** Las cantant**es** moren**as**
Adjetivos INVARIABLES: una única terminación para los dos géneros **azul, frágil, feliz, alegre, verde, estimulante, amable, fácil, difícil, etc.**	Singular	La camis**a** azul El libr**o** azul La fiest**a** agradabl**e** El event**o** agradabl**e** La pregunt**a** fácil El problem**a** fácil
	Plural	Las pregunt**as** difícil**es** Los problem**as** difícil**es** Los hombr**es** alegr**es** Las mujer**es** alegr**es**

Completa los siguientes ejemplos poniendo el artículo y el adjetivo correspondientes.

EJEMPLO
Bonito → la/una FLOR bonita

1. Útil: _____ aplicación _____

2. Sano: _____ producto _____

3. Divertido: _____ clase _____

4. Simpático: _____ colega _____

5. Fácil: _____ exámenes _____

6. Moreno: _____ niña _____

CONTENIDOS COMUNICATIVOS

CONOCIMIENTOS LINGÜÍSTICOS

CONTENIDOS SOCIOCULTURALES

MP3
02-02

¡Vamos a practicar! Escribe o comenta con tus compañeros la concordancia de artículos, sustantivos y adjetivos utilizando el vocabulario de la siguiente tabla.

Pelo	marrón rizado rubio liso	**Reloj inteligente o smartwatch**	caro brillante negro moderno
Aparcamiento	vacío lleno espacioso estrecho completo	**Patinete eléctrico**	rápido peligroso seguro práctico
Gimnasio	grande pequeño equipado moderno anticuado	**Partido del fútbol**	interesante divertido intenso corto entretenido
Tren (AVE)	antiguo moderno cómodo rápido seguro	**Novela**	breve larga compleja fácil interesante
Playa	desierta abarrotada paradisíaca bonita	**Abdominales**	fuertes duros marcados trabajados
Supermercado	sucio limpio ordenado desordenado extenso	**Ventana de cristal**	grande decorada lisa frágil transparente

	rápida eficiente barata actual		ácido frío saludable dulce espeso ligero
Tintorería		**Zumo**	

- ● **La conjugación del verbo ESTAR**

yo	**estoy**	nosotros/as	**estamos**
tú	**estás**	vosotros/as	**estáis**
él/ ella/ usted(Ud.)	**está**	ellos/ ellas/ ustedes(Uds.)	**están**

- ● **El uso del verbo ESTAR**

El verbo **ESTAR** tiene una función similar a la de **SER**, pero en este caso, **ESTAR** expresa el estado de las personas y las cosas, es decir, cualidades o características que sí cambian: estado de ánimo, elementos físicos, etc.

- Alejandra: ¿Qué tal? ¿Cómo **estás**?

  David: **Estoy** bien, gracias. ¿Y tú?

  Alejandra: Yo también, gracias.

- Marina: ¿Cómo **estáis**?

  Carlos: Bueno, **estamos** un poco cansados.

- Los padres de Adriana **están** muy felices.

- Vosotras **estáis** aburridas de la película.

- Juan **está** ilusionado por el viaje con sus amigos.

¿Cómo se relaciona la gente y qué costumbres se tienen en España?

Dos besos

Besos con familares

Besos con amigos

No te quedes paralizado si una persona que acabas de conocer te da dos besos, uno en cada mejilla, porque es el saludo habitual en España. Es el reflejo de la cultura abierta y cercana que se tiene en España. Esta costumbre, sin embargo, tiene algunos matices: cuando un hombre saluda a otro hombre lo hace con un apretón de manos. Solo verás a dos hombres dándose dos besos si son muy cercanos: dos amigos, miembros de una familia, etc. Las mujeres sí saludan con dos besos tanto a hombres como a mujeres, no importa el grado de confianza que se tenga, porque está considerado el saludo estándar en España.

La sobremesa

En España, hay una cultura muy amplia entorno a la hora de la comida y una característica interesante es la sobremesa (el momento de después de comer). Los españoles, cuando terminan de comer, no recogen enseguida y se levantan de la mesa, sino que lo más común es estar incluso varias horas hablando, relajados, pasando un tiempo agradable con la gente que quieren o con amigos y compañeros de trabajo, y a esto se le llama sobremesa. En este tiempo después de la comida y del postre, es muy típico tomar un café. De hecho, cuando hay alguien en la mesa que prefiere recoger rápido e irse, se toma como una falta de respeto o como de alguien con el que es incómodo estar.

Ser sociable y la distancia social en el ámbito laboral

En general, los empleados son abiertos y sociables en el trabajo. Sin embargo, los empleados mantienen una distancia con sus compañeros. Por ejemplo, un compañero o un jefe no te enviará mensajes los fines de semana como un amigo (aunque tengas una buena relación con él en el trabajo). Por otro lado, las salidas departamentales para comer no son normales en el día a día. Sí es cierto que compañeros con más confianza pueden comer juntos, pero no es habitual como en Corea. En España, no hay cenas señaladas, solo en Navidades se celebra una comida o cena con todos los empleados.

Hablar alto

Las personas con culturas mediterráneas tienden a hablar más alto. En el caso de los españoles, el habla es rápida con tono imperativo, sin que esto implique superioridad o enfado. A esto se le añade una gran expresión corporal (muchos gestos de manos, cercanía corporal, gestos faciales, etc.). En el metro, en bares e incluso en el trabajo es fácil encontrar grupos de personas hablando alto y es completamente normal. Para los coreanos, puede que no sea habitual y se podría pensar que están discutiendo, pero esto es un aspecto característico del habla de los españoles.

Cuánta más gente, mejor

Hay un dicho español "Cuanta más gente, mejor", y es algo que siempre llevan a la práctica. En España se tiene la filosofía de que cuanta más gente haya en una reunión de ocio más divertido es, siempre que sea con gente conocida y amistades cercanas. Desde un punto de vista coreano, se podría decir que "No saben estar solos", pero no tiene nada que ver con la soledad sino con disfrutar en compañía.

¿DÓNDE ESTÁ EL BAÑO?

A: Perdón, **¿dónde está** el baño?

B: Para chicas, **está al fondo** y para chicos, **está en** el sótano.

A: Perfecto, ¡gracias!

A: **¿Dónde está** el mostrador de *Iberia Airlines*?

B: **Está justo al lado de** la puerta del embarque.

A: Ah, vale. Gracias.

B: De nada.

Manolo: El carril bici **está al lado de** la acera.

Sara: Sí. Es una avenida muy grande.

Manolo: Además, el parque **está detrás de** los edificios.

Sara: Ya lo veo.

- Diferencias entre SER y ESTAR
- Diferencias entre ESTAR y HABER
- Conjugaciones de verbos regulares -ar/-er/-ir

● **Diferencias entre SER & ESTAR**

SER	Características esenciales Permanente No se cambia	Características temporales Estado físico Estado de ánimo	ESTAR

SER		ESTAR
 El color ES verde.	**Verde**	 **El tomate ESTÁ verde.**
 Paco ES callado.	**Callado**	 **Eva ESTÁ callada.**
 José ES rico.	**Rico**	 **La comida ESTÁ rica.**
 Ella ES lista.	**Listo**	 **Ellos ESTÁN listos para salir.**

Completa los huecos con la forma correcta del verbo SER o ESTAR.

1. Mi cantante favorita _____ Rosalía.

2. Yo _____ de vacaciones en Menorca.

3. Mi abuelo _____ enfermo por coronavirus.

4. El agua de grifo de Madrid _____ limpia y buena.

5. Mi jefe _____ serio, pero hoy _____ muy alegre.

6. La comida _____ rica en este restaurante.

7. Carmen _____ enfermera en el hospital Severo Ochoa.

8. En general, la comida española _____ buena.

9. Yo _____ introvertido, pero a veces _____ extrovertido.

10. Las calles del centro _____ estrechas y _____ de piedra.

Practica con tus compañeros para descubrir cómo se encuentran hoy y cómo son. Utiliza los adjetivos que puedes encontrar en la siguiente tabla.

	alegre animado optimista extrovertido		intranquilo introvertido callado avergonzado

	tímido desconcertado inseguro nervioso		sincero honesto justo razonable
	ocupado liado ajetreado movido entretenido apurado		flipando sorprendido dudoso confuso
	despistado torpe inseguro nervioso		positivo valiente motivado entusiasmado
	enfadado cabreado furioso molestado desastre		triste preocupado deprimido frustrado dolido
	contento feliz amable sonriente tranquilo		resfriado enfermo cansado malo dolorido doloroso
	indiferente seco pasota desidia		ilusionado emocionado esperanzado divertido

- **Diferencias entre SER & ESTAR**

ESTAR	Localización de personas u objetos	Presencia o existencia de alguien o algo	HAY

- **Estructura del verbo ESTAR**

ESTAR		
SUJETO	VERBO	EXPRESIONES DE LUGAR
Ana	está	en el bar.
Mi coche	está	al lado de un camión.
La tirita	está	encima de la silla.

- **Estructura del verbo HAY**

HAY		
VERBO	PERSONA/OBJETO	EXPRESIONES DE LUGAR
Hay	caramelos	en mi bolso.
Hay	un perro	debajo de la mesa.
Hay	un fallo	en el dato.

Es posible alternar el orden de los elementos en las oraciones con el verbo HABER:

- En mi casa, hay dos lavavajillas.
- En la playa, hay muchos chiringuitos.

Palabras que expresan situación:

alrededor de	al lado de	detrás de
encima de	arriba de	debajo de
a la derecha de	a la izquierda de	en frente de
entre A y B	en el fondo	en la esquina de

Completa las siguientes oraciones con las formas correctas de los verbos SER y ESTAR.

1.

Muchas personas _____ en el parque.

_____ mucha gente en el parque.

2.

El perro _____ delante de su casa.

_____ un perro delante de su casa.

3.

_____ 6 vecinos en la ventana.

Los 6 vecinos _____ en la ventana.

¡Por parejas! Vamos a practicar los usos de ESTAR y HAY.

Miriam

¿Vamos a la nueva cafetería de mi barrio?

Venga, ¡vamos!

Carmen

Contenido del margen lateral:
CONTENIDOS COMUNICATIVOS
CONOCIMIENTOS LINGÜÍSTICOS
CONTENIDOS SOCIOCULTURALES

Miriam: Waa, ¡qué bonita es la cafetería!

Carmen: Sí, es moderna y limpia. _____ mucha gente.

Miriam: ¡Mira! _____ ventanas grandes al fondo.

Carmen: Y delante de las ventanas, _____ sofás. Un chico _____ en el sofá

rojo y una chica _____ al lado del chico.

Miriam: Sí, parecen cómodos los sofás.

Carmen: ¡Ah, ahí! El camarero _____ en la caja.

Miriam: Sí, lo veo. Pues, vamos a pedir algo.

Carmen: Vale, perfecto.

¡Por parejas! Vamos a hablar sobre qué hay y dónde está el objeto en la foto.

- **Conjugaciones de verbos: -ar, -er, -ir**

Las conjugaciones verbales en español son las distintas terminaciones que tiene un verbo y que nos da la información de la persona y del número en la que se encuentra expresado ese verbo. Existen tres tipos de conjugaciones verbales: **-ar**, **-er**, **-ir**.

-Ar: hablAR = habl (raíz) + -ar (desinencia)

yo	habl**o**	nosotros/as	habl**amos**
tú	habl**as**	vosotros/as	habl**áis**
él/ ella/Ud.	habl**a**	ellos/ellas/Uds.	habl**an**

CONTENIDOS COMUNICATIVOS

CONOCIMIENTOS LINGÜÍSTICOS

CONTENIDOS SOCIOCULTURALES

estudiar	trabajar	necesitar

dejar	pasar	tocar

1. Ellos me (tocar) _____ la nariz.

2. Yo (estudiar) _____ Administración.

3. Juan te (pasar) _____ un trozo de pan.

4. ¿Me (dejar, tú) _____ tu auricular inalámbrico?

5. Mi hermano (trabajar) _____ con un jefe cabezota.

6. Nosotros (necesitar) _____ ir al médico lo antes posible.

-Er: comER = com- (raíz) + -er (desinencia)

yo	com**o**	nosotros/as	com**emos**
tú	com**es**	vosotros/as	com**éis**
él/ ella/ Ud.	com**e**	ellos/ ellas/ Uds.	com**en**

beber	aprender	deber

ver	vender	coger

1. Yo (beber) _____ cerveza de un tirón.

2. Vosotros (ver) _____ películas de ciencia ficción.

3. Mi hermano (vender) _____ su coche en Mil Anuncios.

4. Hoy en día mucha gente (coger) _____ el patinete eléctrico.

5. Nosotros (aprender) _____ palabras coloquiales en español.

6. (Tú, deber) _____ llevar mascarillas porque aún estás resfriado.

-Ir: vivIR= vivi- (raíz) + -ir (desinencia)

yo	viv**o**	nosotros/as	viv**imos**
tú	viv**es**	vosotros/as	viv**ís**
él/ ella/ Ud.	viv**e**	ellos/ ellas/ Uds.	viv**en**

aburrir	escribir	recibir
decidir	**admitir**	**subir**

1. Yo me (aburrir) _____ de estar en casa.

2. Ella me (escribir) _____ una carta romántica.

3. El delegado (decidir) _____ la fecha para el viaje.

4. ¿Vosotros (recibir) _____ muchos mensajes de spam?

5. Mis padres (subir) _____ a la montaña, sí o sí, los sábados.

6. Esta asignatura (admitir) _____ ambas modalidades: online y presencial.

CONTENIDOS COMUNICATIVOS

CONOCIMIENTOS LINGÜÍSTICOS

CONTENIDOS SOCIOCULTURALES

¿Cuáles son las mejores universidades en España? ¿Cómo se mide el prestigio?

En España, se considera si es una buena universidad o no, dependiendo de si esta es pública o privada. Esto es porque, por lo general, las universidades públicas tienen mejor prestigio que las privadas.

Para las públicas, el requisito de acceso fundamental es un examen llamado EBAU (Evaluación del Bachillerato para el Acceso a la Universidad) y el resultado de dicho examen es lo que se conoce como **nota de corte**. Esta nota funciona como un filtro para el acceso a sus carreras, ya que, al estar financiadas por el Estado, el precio de sus matrículas es inferior y muchas más personas se presentan para estudiar en ellas. **Las privadas**, en cambio, no se rigen por la nota de corte y en estas universidades, las matrículas son más caras.

Características de la universidad española que quizás no sabías:

1. El curso empieza en septiembre y finaliza en mayo o junio. El periodo vacacional de verano puede durar tres meses (si apruebas todo a la primera). Además, el periodo de vacaciones de Navidad dura alrededor de dos o tres semanas porque en España hay festividades de Navidad hasta el día 6 de enero, día de Los Tres Reyes Magos.

2. Aunque existen los consejos estudiantiles con delegados y subdelegados y equipos deportivos (fútbol, baloncesto, etc.), la gran mayoría de los estudiantes universitarios españoles viven la universidad como un instituto: van a estudiar y no suelen participar en actividades de la universidad. Son pocos los que quieren una responsabilidad como la de representar a los estudiantes y luchar por los derechos de sus compañeros.

Poetry
club

Music
club

Student
council

3. Si un universitario español tiene que comer en la universidad, lo verás comiendo 'de táper' (se llevan la comida de casa). Al contrario que en Corea, es algo cultural el llevar comida casera al trabajo, a la universidad, etc. Algunas personas lo hacen por ahorrar dinero y otras por preferir la comida casera. No obstante, el desayuno sí suele ser un momento social con compañeros, profesores o solos en las cafeterías.

4. Los parones en las carreras no son algo común entre los estudiantes españoles. Cuando empiezan una carrera, la acaban del tirón. Puede haber excepciones, como problemas económicos o razones personales, pero gracias a las becas (si cumples los requisitos, puedes conseguir ayudas para los 4 años de la carrera para matrícula y transporte) es posible hacerlo todo de una vez.

5. Los alumnos tienen derecho a pedir revisión de sus exámenes. Cuando se publican las notas, el alumno puede solicitar una tutoría con su profesor para revisar juntos el examen, conocer los errores o pedir consejo para la mejora del rendimiento. Si después de la revisión el alumno llevaba razón, el profesor puede modificar la nota.

P.D.

Las 10 carreras con más salidas profesionales (según datos de 2021) y con ello, notas de corte más altas:

- Administración y Dirección de Empresas (ADE)
- Enfermería
- Medicina y Biomedicina
- Ingeniería Industrial
- Ciencias del trabajo, RRLL (Recursos laborales) y RRHH (Recursos humanos)
- Administración de Empresas y Derecho
- Ingeniería Informática
- Comercio y Marketing
- Educación y Pedagogía
- Derecho

¿QUÉ ES ESTO?

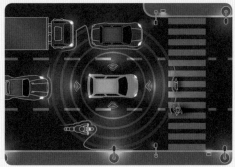

¿Qué es esto?

Ponente:

Este es un vehículo autónomo.

No lleva conductor.

Si queréis, podéis probarlo aquí.

¿Qué es esto?

Esto es una tienda de autoservicio.

Es decir, **estas** son tiendas sin personal.

El cliente elige y paga el producto.

Es un sistema de nueva tecnología.

¿Qué es esto?

Estas son las fiestas de **San Fermín**.

Podemos ver **esta** fiesta en la ciudad de Pamplona.
Estos encierros de San Fermín son un poco peligrosos,
pero **este** festival tiene mucha fama.

La Tomatina

Las Fallas

Feria de Abril

Fiestas de Santa Tecla

Cabalgata de Reyes

Carnavales de Santa Cruz

- Verbos irregulares -ar/-er/-ir
- Hablar y decir, saber y conocer
- Adjetivos (pronombres) demostrativos y posesivos

● **Conjugaciones de los verbos irregulares**

En la unidad anterior, vimos los verbos que se conjugan de forma regular, así que en esta unidad vamos a estudiar aquellos verbos cuya conjugación es diferente, porque tienen cambios en su raíz (los verbos regulares no cambian su raíz). Estos son los que llamamos **verbos irregulares**. A continuación se presentan los cuatro grupos de irregularidades más comunes en el español.

Volver: o → ue

Verbos en los que la **o** pasa a ser el diptongo **ue**. La 1ª y 2ª persona de plural mantiene la vocal o para su conjugación.

yo	v**ue**lvo	nosotros/as	v**o**lvemos
tú	v**ue**lves	vosotros/as	v**o**lvéis
él/ ella/ Ud.	v**ue**lve	ellos/ ellas/ Uds.	v**ue**lven

poder	encontrar	mostrar
contar	**dormir**	**probar**

Completa las frases con la forma correcta de los verbos entre paréntesis

1. Mi hermano se (probar) _____ una chaqueta.

2. Mi amiga me (mostrar) _____ su Instagram.

3. (Tú, poder) _____ cambiar tu perfil de kakao.

4. Si no (encontrar) _____ tu cartera, yo te dejo dinero.

5. Laura y Manolo nos (contar) _____ su aventura por Asia.

6. Mi abuelo (dormir) _____ poco, pero yo _____ mucho.

Empezar: e → ie

En algunos verbos, la **e** pasa a ser diptongo **ie**, aunque en la 1ª y 2ª persona del plural mantenemos la e.

yo	emp**ie**zo	nosotros/as	emp**e**zamos
tú	emp**ie**zas	vosotros/as	emp**e**záis
él/ ella/ Ud.	emp**ie**za	ellos/ ellas/ Uds.	emp**ie**zan

comenzar	entender	querer
preferir	**pensar**	**sentir**

1. (Querer, yo) _____ hacer dieta.

2. El concurso (comenzar) _____ en un minuto.

3. Yo (pensar) _____ que Ricardo es un cobarde.

4. (Sentir, yo) _____ que va a llover dentro poco.

5. (Preferir, nosotros) _____ estar en casa a salir.

6. Ellas (entender) _____ bien la clave del contenido.

Pedir: e → i

Verbos que cambian la **e** por la **i** en algunas personas y pero se mantiene en la 1ª y 2ª persona del plural.

yo	p**i**do	nosotros/as	p**e**dimos
tú	p**i**des	vosotros/as	p**e**dís
él/ ella/ Ud.	p**i**de	ellos/ ellas/ Uds.	p**i**den

repetir	servir	medir

seguir	reír	competir

1. Tu ayuda me (servir) _____ mucho.

2. Mi hijo (medir) _____ 180 centímetros ya.

3. Yo te (repetir) _____ el usuario y la contraseña.

4. Las chicas se (reír) _____ mucho por una broma.

5. Los jugadores de baloncesto (competir) _____ mucho.

6. El bulling escolar en España (seguir) _____ igual de grave.

Verbos irregulares en la primera persona singular

Hay verbos que tienen solo una irregularidad en la primera persona del singular **Yo**, el resto de las personas se conjugan de forma regular o irregular.

ir	**voy**	vamos	dar	**doy**	damos
	vas	vais		das	dais
	va	van		da	dan
tener	**tengo**	tenemos	**poner**	**pongo**	ponemos
	tienes	tenéis		pones	ponéis
	tiene	tienen		pone	ponen

salir	salgo	salimos	venir	vengo	venimos
	sales	salís		vienes	venís
	sale	salen		viene	vienen
decir	digo	decimos	hacer	hago	hacemos
	dices	decís		haces	hacéis
	dice	dicen		hace	hacen
caer	caigo	caemos	traer	traigo	traemos
	caes	caéis		traes	traéis
	cae	caen		trae	traen
saber	sé	sabemos	conocer	conozco	conocemos
	sabes	sabéis		conoces	conocéis
	sabe	saben		conoce	conocen
traducir	traduzco	traducimos	parecer	parezco	parecemos
	traduces	traducís		pareces	parecéis
	traduce	traducen		parece	parecen

1. ¿Me (hacer, tú) _____ un favor?

2. (Saber, yo) Uy, no _____ dónde está mi móvil.

3. Yo no (conocer) _____ bien a mis compañeros.

4. Ella (decir) _____ que toma el café descafeinado.

5. A: ¿Te (dar, yo) _____ una Coca-Cola?

    B: Sí, me (poner, tú) _____ una Zero, por favor.

    A: Ahora, te la (traer, yo) _____.

6. Nosotros (venir) _____ para preguntar una cosilla.

7. El traductor (traducir) _____ al español muy forzado.

8. Mi hermano se (caer) _____ por las escaleras del chalet.

9. Garachico (salir) _____ en un programa, Restaurante Yoon.

10. ¿Qué tal el viaje? ¡Me (tener, tú) _____ en ascuas!

CONTENIDOS COMUNICATIVOS

CONOCIMIENTOS LINGÜÍSTICOS

CONTENIDOS SOCIOCULTURALES

Parecen iguales, ¡pero no lo son!

En español nos podemos encontrar con verbos que podríamos decir que significan lo mismo, pero realmente existen algunos matices que los hacen diferentes.

HABLAR & DECIR

Hablar es la acción de articular palabras, mientras que **decir** es expresar verbalmente un conocimiento, opinar sobre algo.

hablar
- Hablo español.
- Hablo en español.
- Ella habla mucho/poco.
- Pedro habla rápido/lento.
- Él habla bien/mal de su compañero.

decir
- Digo la verdad
- Ella dice tonterías.
- Mi hermano dice una chorrada.
- El director dice mentiras.
- Él dice que llueve mañana.

SABER & CONOCER

¿Saber?
¿Conocer?

El verbo **saber** supone el aprendizaje de memoria o por asimilación de una serie de datos, mientras que **conocer** implica un proceso de acercamiento personal a algo o alguien que se ha estado en contacto.

saber
- Sé que eres inteligente.
- ¿Sabes cocinar comida japonesa?
- Sabéis mucho sobre las noticias del coronavirus.
- Ellos saben cuándo es mi cumpleaños.

conocer
- Conozco todas las obras de Picasso.
- Conocemos bien Madrid.
- ¿Conoces a tu nuevo compañero de piso?
- No conozco el camino a la estación de autobuses.

Elige la palabra correcta para las siguientes oraciones.

1. ¿En qué idioma **habláis/decís**?

2. Juan **habla/dice** que tiene hambre.

3. ¿Quieres **hablar/decir** que no vienes hoy?

4. Mis abuelos **hablan/dicen** mucho. Son muy habladores.

5. Soy sincera con mi hija. Siempre le **digo/hablo** la verdad.

Completa los huecos usando las formas correctas de los verbos saber o conocer.

1. Mi perro _____ nadar.

2. Yo _____ muy bien a Gema.

3. Mi abuelo _____ muy bien la guerra de Corea.

4. Nosotros _____ dónde está España en el mapa.

5. Tú solo _____ su nombre, entonces no la _____ en realidad.

● **Adjetivos (pronombres) demostrativos**

	Masculino		Femenino
	este (estos)		**esta (estas)**
Masculino	**ese (esos)**	Femenino	**esa (esas)**
	aquel (aquellos)		**aquella (aquellas)**

- Me gusta **ese jardín** florido.

- **Aquellas** son niñas muy solitarias.

- **Esos pantalones** son espléndidos.

- **Ese bizcocho** está dulce y **aquel** no.

- **Este** es mi primo Ferrán y **esta** es mi sobrina, Marta.

- **Adjetivos posesivos**

	SINGULAR	PLURAL
1ª persona	**mi (mis)**	**nuestro (nuestros)** **nuestra (nuestras)**
2ª persona	**tu (tus)**	**vuestro (vuestros)** **vuestra (vuestras)**
3ª persona	**su**	**sus**

- **Tus zapatillas** son muy cómodas.

- **Su amigo** es un rácano y tiquismiquis.

- **¿Vuestra abuela** también hace sudokus?

- **Nuestros vecinos** están metidos en el ajo.

- **Mi nieto** es despistado, en cambio, **tu nieto** es atento.

CONTENIDOS COMUNICATIVOS

CONOCIMIENTOS LINGÜÍSTICOS

CONTENIDOS SOCIOCULTURALES

¿Sabes cómo es el examen de ingreso a la universidad en España?

La selectividad es el examen de acceso a la universidad. Es una prueba escrita obligatoria que todos los estudiantes que quieran estudiar en una universidad pública tienen que realizar. El equivalente en Corea es el Su Neung. Para hacer este examen, los estudiantes tienen que haber aprobado los dos cursos de preparatoria, llamada Bachillerato.

El examen de selectividad en Corea es de respuesta múltiple teniendo que marcar la opción correcta en una hoja OMR. En cambio, los exámenes de selectividad en España son de desarrollar tu respuesta y describir el fundamento para apoyar tu idea después de leer un texto largo. Los exámenes de diferentes asignaturas se desarrollan a lo largo de 4 días.

1. Contenido

Fase obligatoria

- Lengua castellana y Literatura
- Historia de España
- Lengua Extranjera: inglés, francés, italiano o alemán
- Asignatura propia de la modalidad del bachillerato estudiada
- Lengua cooficial y literatura (en comunidades como Galicia, Cataluña o País Vasco)

Fase voluntaria

En esta parte del examen, el estudiante puede subir nota. Elige una asignatura para mejorar su nota media de cara a la nota de corte. Puede elegir entre un gran abanico de asignaturas: biología, geología, física, química, griego, dibujo técnico, artes escénicas, etc. La asignatura elegida también dependerá de la modalidad de bachillerato que se haya estudiado.

2. Distintos exámenes dependiendo de la Comunidad Autónoma

Existen 17 exámenes diferentes, uno por cada Comunidad Autónoma que hay en España. Cada Comunidad Autónoma redacta su propio examen, así que en Andalucía hay un examen, otro diferente en Madrid, etc. Por este motivo, existen quejas entre estudiantes, porque se suele decir que hay comunidades que tienen exámenes más fáciles que otras.

3. La fecha del examen

Existen dos convocatorias: junio o septiembre y los exámenes se realizan a lo largo de cuatro días. La primera convocatoria es la de junio. Si suspendes, te puedes presentar de nuevo en septiembre o, también, si quieres mejorar la nota (aprobada) que has obtenido en junio.

4. Obtención de la Nota de Corte

La nota de corte es el resultado necesario para poder acceder a una carrera. Esta puede ser más alta o más baja dependiendo de la carrera. Para obtenerla hay que hacer media entre la nota de Bachillerato (60%) y la nota que sacas en la selectividad (40%).

5. Revisiones y doble corrección

Los estudiantes tienen 3 días para solicitar una reclamación o una nueva corrección del examen. La reclamación consiste en que otro profesor revisa que todo esté puntuado y los ejercicios contabilizados. La nueva corrección, se puede solicitar con formularios y luego las comunicaciones se realizan por organismos oficiales. La realiza un profesor especialista diferente del primer corrector y según el resultado de la corrección, puede provocar la subida o bajada de la nota del estudiante.

MP3
05-01

¿CUÁNDO ES EL EXAMEN?

Estrella: Hola, **¿qué tal? ¿Cómo vas?**

Rubén: Pues, estoy **muy** cansado porque estudio a tope.

Estrella: ¿Y eso?

Rubén: Mañana, tengo dos exámenes en la facultad.

Estrella: ¿Cuándo?

Rubén: Tengo uno por la mañana y otro por la tarde.

Estrella: ¿Cuántos exámenes tienes esta semana?

Rubén: Tengo 6 en total. Encima, después quedo con el coordinador por mi trabajo fin de grado (TFG).

Estrella: Ostras, tienes **mucho** lío. De todas formas, **¡mucha** suerte!

Rubén: ¡Gracias! Por cierto, ¿después de la clase **dónde quedamos?**

Estrella: Ah, pues ¿en la cafetería?

Rubén: Venga, me parece **muy** bien.

Estrella: Genial, ¡hasta ahora!

Son escenas que se pueden ver
a menudo en la universidad en España

Biblioteca universitaria

Pausa (descanso)

Pasillo de la facultad

Cafetería universitaria

Secretaría

CONTENIDOS COMUNICATIVOS

CONOCIMIENTOS LINGÜÍSTICOS

CONTENIDOS SOCIOCULTURALES

- Partículas interrogativas
- Oraciones interrogativas directas
- Muy y mucho

● Partículas interrogativas

Las oraciones **interrogativas** son aquellas que, de modo general, sirven para pedir alguna información específica a la persona con la que hablas. Estas oraciones tienen una estructura diferente de las oraciones afirmativas, cambiando algunos elementos de la frase. Veamos cómo se construyen.

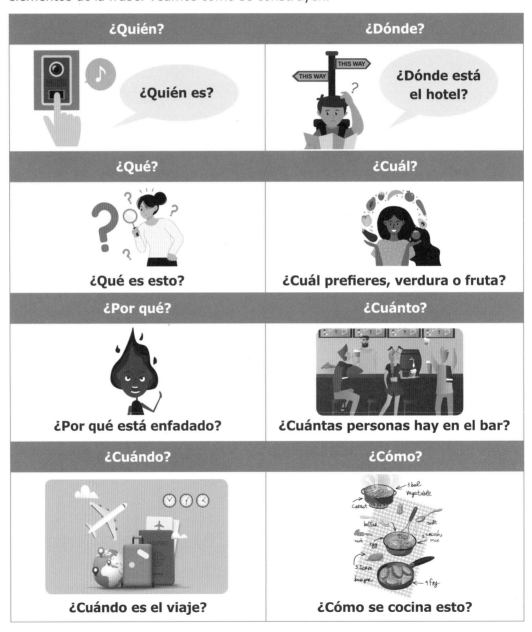

¿Quién?	¿Dónde?
¿Quién es?	¿Dónde está el hotel?

¿Qué?	¿Cuál?
¿Qué es esto?	¿Cuál prefieres, verdura o fruta?

¿Por qué?	¿Cuánto?
¿Por qué está enfadado?	¿Cuántas personas hay en el bar?

¿Cuándo?	¿Cómo?
¿Cuándo es el viaje?	¿Cómo se cocina esto?

En la siguiente tabla vamos a ver las partículas interrogativas del español y cómo pueden variar dependiendo de si tienen género o número.

Partículas interrogativas	Género	Número	Concepto
¿Quién?	-	¿Quién? ¿Quiénes?	Persona
¿Dónde?	-	-	Ubicación
¿Qué?	-	-	Objeto Color Situación
¿Cuál?	-	¿Cuál? ¿Cuáles?	Persona Objeto
¿Por qué?	-	-	Razón
¿Cuánto?	¿Cuánto? ¿Cuánta?	¿Cuántos? ¿Cuántas?	Cantidad
¿Cuándo?	-	-	Tiempo
¿Cómo?	-	-	Modo

- **¿DÓNDE?**
  ¿Dónde + Verbo + Sujeto?

DÓNDE	V	S	RESPUESTA
¿Dónde	está	Julio?	Está en casa.
¿Dónde	hay	una farmacia?	Aquí no hay.
¿De dónde	eres	tú?	Soy surcoreano.

- A: ¿Dónde está tu casa?

  B: Mi casa está por el barrio de Gang Nam.

- A: ¿Dónde quedamos?

  B: Quedamos en la boca del metro.

- **¿CUÁNDO?**
  ¿Cuándo + Verbo + Sujeto?

¿CUÁNDO	V	S	RESPUESTA
¿Cuándo	es	tu cumpleaños?	Es pasado mañana.
¿Cuándo	empieza	el discurso?	Empieza ya.
¿Cuándo	comemos	nosotros?	A las 14.

- A: ¿Cuándo tiene lugar la celebración?

  B: Ahora mismo.

- A: ¿Cuándo vuelves a casa?

  B: Creo que llego tarde.

- **¿CÓMO?**
  ¿Cómo + Verbo + Sujeto + (Complementos)?

¿CÓMO	V	S	C	RESPUESTA
¿Cómo	estás	(tú)?		Ya estoy bien, gracias.
¿Cómo	es	Jimena?		Es discreta y humilde.
¿Cómo	pago	(yo)	la comida?	Con tarjeta.

- A: ¿Cómo se escanea un código QR de WhatsApp?

  B: Ahora, te enseño cómo hacerlo.

- A: ¿Cómo vas al trabajo?

  B: Voy a pie.

- **¿POR QUÉ?**
  ¿Por qué + Verbo + (Sujeto) + Complemento?

¿POR QUÉ	V	C	RESPUESTA
¿Por qué	estudias	español?	Porque quiero ir a España.
¿Por qué	tenéis	pique?	Porque no recoge sus ropas.
¿Por qué	no viene?		Porque está mala.

- A: ¿Por qué tomas pastillas?

B: Porque no me encuentro bien.

- A: ¿Por qué estás nervioso?

B: Porque tengo una entrevista por online.

- **¿QUIÉN/QUIÉNES?**
  ¿Quién + Verbo + Sujeto + (Complementos)?

¿QUIÉN	V	S	C	RESPUESTA
¿Quién	es	él?		Él es mi marido.
¿Quiénes	son	ellas?		Ellas son mis primas.
¿Quién	viene		hoy? a casa?	Viene un obrero.

- A: ¿Quién vive en esta casa?

B: Vive una duquesa española.

- A: ¿Con quién vas al viaje?

B: Con mis compañeros de la facultad.

- **¿QUÉ?**
  ¿Qué + Verbo + Sujeto?
  ¿Qué sustantivo + Verbo + Sujeto?

QUÉ	V	S	RESPUESTA
¿Qué	haces	(tú)?	Nada especial.
¿Qué	queréis comer	(vosotros)?	Queremos jamón ibérico.
¿Qué comida	te gusta	(a ti)?	Me gusta la comida española.

- A: ¿Qué género es este drama?

B: Es de comedia romántica.

- A: ¿Qué idioma hablas?

B: Hablo español e inglés.

- **¿CUÁL?**
  ¿Cuál + verbo + sujeto?
  ¿Cuál de sustantivo + verbo + sujeto?

CUÁL	V	S	RESPUESTA
¿Cuál	es	tu nombre?	Mi nombre es Carlos. Me llamo Carlos.
¿Cuál	es	tu carrera	Mi carrera es Derecho. Estudio Derecho.
¿Cuáles	son	tus hobbies?	Los fines de semana me gusta hacer rutas por el campo.

- A: ¿Cuál de estos colores quieres?

  B: Pues, prefiero el rojo.

- A: ¿Cuál es el usuario y la contraseña del wifi?

  B: Los tiene en el recibo.

- **¿CUÁNTO/S - CUÁNTA/S?**
  ¿Cuánto + Verbo?
  ¿Cuánto(s) + Sustantivo(s) de masculino + Verbo?
  ¿Cuánta(s) + Sustantivo(s) de femenino + Verbo?

¿CUÁNTO	V	S	RESPUESTA
¿Cuánto	es/cuesta	(esto)?	Son 15 euros.
¿Cuántos	años	tienes?	Tengo 20 años.
¿Cuánta(s)	persona(s)	hay?	Hay unas 30 personas.

- A: ¿Cuánto es esta funda de móvil?

  B: Son 10 euros.

- A: ¿Cuánta salsa echo?

  B: Echa 50ml de soja.

- **Muy VS Mucho**

	MUY	**MUCHO**
Variación	**muy**	mucho, mucha muchos, muchas
Función	Adverbio	Adjetivo Pronombre Adverbio
Posición	Delante de adjetivos y adverbios	Delante de sustantivos
¿Qué pregunta?	¿Cómo? GRADO **¿Cómo está la comida?** **- Muy rica** **- Muy buena**	¿Cuánto? CANTIDAD **¿Cuánto has comido?** **- Mucho**

'Mucho' tiene tres funciones gramaticales: adjetivo, pronombre y adverbio.

- **Adjetivo**

 - La serie, La Casa de papel tiene **mucho** éxito.

 - En mi pasaporte, hay **muchos** sellos de entrada y salida.

 - Ahora hay **mucho** tráfico en la carretera.

- **Pronombre**

  - Madre: ¿Tienes **muchos** amigos en la facultad?
    Hijo: Sí, **¡muchos!**

  - Olivia: En este museo, hay obras de primera categoría.
    Teresa: Ya, hay **muchas**, la verdad.

  - Juana: La música comercial en Corea gana premios, ¿a que sí?
    Enrique: **¡Muchos!**

- **Adverbio**

  - Puedes llegar **mucho antes** en cercanía.

  - La cultura de ocio influye en la vida **mucho más** que antes.

  - Últimamente como **mucho**, ¡como una lima!

  - Es **mucho mejor** ir andando hasta el palacio Kyung Bok.

  - Los padres se preocupan **mucho** de la desidia de sus hijos.

'Muy' tiene una función de adverbio y es invariable.

- **Muy + adjetivo**

  - Mi vecina Gema es **muy** perezosa.

  - No me gustan las comidas **muy** picantes.

  - El metro tiene **muy** buena acogida.

- **Muy + adverbio**

  - A: ¿Cómo estás?
    B: Estoy **muy** bien, gracias.

  - Mi amigo llega a clase **muy** tarde.

  - Mi casa está **muy** cerca del metro Chueca.

- **Muy + participio**

  - Su proyecto está **muy** revisado.

  - Voy a pedir una carne **muy** hecha.

  - Isabel es una modelo **muy** querida.

Rellena los huecos en las siguientes frases con MUY o MUCHO según corresponda.

1. Tengo _____ sed, necesito agua.

2. Nosotros tenemos _____ clases online.

3. Mi jefe es un sabelotodo y es _____ viejuno.

4. Me gustan _____ las gambas, es mi comida favorita.

5. Mi hermana está _____ mala y tiene _____ fiebre.

6. Hoy hace _____ sol y me da _____ pereza de salir.

7. Raquel está _____ cansada, porque hoy tiene _____ trabajo.

8. En Corea hace _____ frío en invierno y _____ calor en verano.

9. Aprender español es _____ interesante, pero también es _____ difícil.

10. Estoy _____ enganchado a un canal de Youtube que es _____ gracioso.

¡Botellón!

¿Qué es el botellón?

Se trata de una práctica muy extendida entre los jóvenes españoles, mayormente entre los 16 y los 25 años, que consiste en beber alcohol en zonas amplias. En algunas ciudades españolas había lugares dedicados para esta práctica, aunque ya todos han sido prohibidos. A día de hoy, se suele hacer botellón en playas, parques y lugares un poco retirados de la vista pública ya que, en España, beber alcohol en la calle es un delito.

Las 2 caras del botellón
Aspecto positivo

1. Económico

Como los estudiantes no pueden asumir en su situación económica gastar grandes cantidades de dinero en bebida y fiestas, lo que hacen es comprar bebidas alcohólicas en el supermercado (que te sale más barato) y beben con sus amigos al aire libre porque así pueden estar más personas reunidas (que si son mucho, es

CONTENIDOS COMUNICATIVOS CONOCIMIENTOS LINGÜÍSTICOS CONTENIDOS SOCIOCULTURALES

más divertido). También es una práctica muy extendida que se hace antes de ir a una discoteca (se bebe más barato fuera que dentro del lugar, donde las bebidas son muy caras) o antes de un concierto.

2. **Ampliar las relaciones sociales**

Los jóvenes utilizan el botellón como medio para disfrutar de su juventud y relacionarse con amigos. Porque detrás del botellón, existe esa necesidad social de integrarse en la sociedad y de relacionarse con otros.

Aspecto negativo

El botellón es un momento de fiesta y diversión para aquellos que lo disfrutan, pero se convierte en un problema para el resto de la sociedad: los vecinos de las zonas donde se celebran estos botellones no pueden descansar, las calles y las playas al día siguiente están llenas de basura y se quedan sucias (porque no recogen la basura). Además de los problemas que hay, como peleas y agresiones, por el consumo excesivo de alcohol.

Actualmente, el botellón está prohibido, pero sigue siendo una forma de ocio muy extendida entre los jóvenes españoles. Aunque se ha intentado, no se puede evitar porque el botellón es una parte fundamental de la cultura entre los jóvenes.

¿QUÉ PLAN TIENES?

Gema: Oye Raúl, ¿qué plan tienes para las vacaciones?

Raúl: Creo que **vuelvo a ir** al gimnasio.

Gema: Oh, entonces, **debes controlar** tus comidas, ¿no?

Raúl: Sí, tengo que **dejar de comer** comida rápida y fritangas.
Estoy haciendo dieta también.

Gema: Haces bien. Entonces **¿quieres perder** peso?

Raúl: Sí, **quiero** estar en forma. Bueno, ¿tú, qué vas a hacer?

Gema: Voy a ir a Granada para ver el Palacio de Alhambra.

Raúl: ¡Ah, buena idea! Merece la pena visitarlo.

Comida casera

Comida sana

Comida alta/ baja en calorías

Comida fritanga

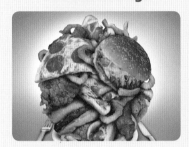

Comida rápida/basura

Comida orgánica

GRANADA (Palacio de Alhambra)

- Perífrasis verbal en español
- Formas no personales de los verbos: infinitivos, participio y gerundio
- Perífrasis verbal ESTAR GERUNDIO

• Perífrasis verbal y sus diferentes tipos

En español hay unas expresiones verbales llamadas **perífrasis verbales**. Estas perífrasis están formadas por dos o más formas verbales que funcionan como un solo núcleo verbal.

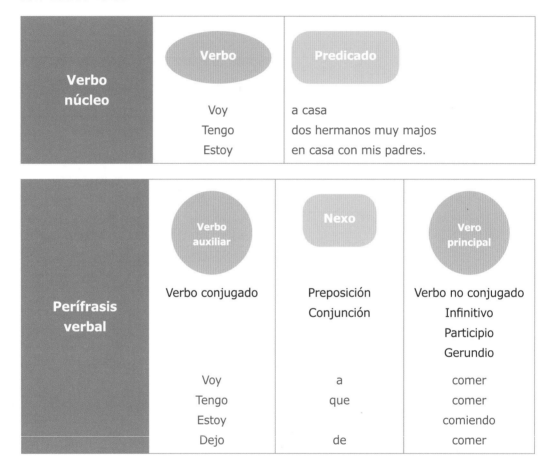

La perífrasis verbal puede dividirse en dos grupos: **modal y aspectual**. Las perífrasis modales expresan la actitud del hablante ante la acción que expresa el verbo: de obligación y posibilidad. Las perífrasis aspectuales son aquellas que indican el modo en que el hablante ve la acción.

MODAL	CONCEPTO	ESTRUCTURA	
Perífrasis verbales	Posibilidad	**Poder**	**+ Infinitivo**
	Voluntad	**Querer**	
	Obligación	**Hay que** **Tener que** **Deber**	
	Probabilidad	**Deber de**	
	Costumbre	**Soler**	

Ejemplos
- **Podemos beber** agua del grifo.
- **Quiero beber** agua porque tengo sed.
- **Hay que beber/tengo que beber/debo beber** agua.
- **Debe de quedar** poca agua.
- **Suelo beber** agua para tener buena salud.

ASPECTUAL	CONCEPTO	ESTRUCTURA	
Perífrasis verbales	Acción futura	**Ir a**	**+ Infinitivo**
	Acción para iniciar	**Empezar a** **Ponerse a**	
	Acción repetida	**Volver a**	
	Acción terminada	**Dejar de** **Acabar de**	
	Acción de duración	**Llevar**	**+ Gerundio**
	Acción en proceso	**Estar** **Seguir**	

Ejemplos
- **Voy a estudiar** español.
- **Empiezo a estudiar** español.
- **Me pongo a estudiar** español.
- **Vuelvo a estudiar** español.
- **Dejo de estudiar** español.
- **Acabo de estudiar** español.
- **Llevo estudiando** español 3 meses.
- **Estoy estudiando** español.
- **Sigo estudiando** español.

Completa las siguientes frases usando perífrasis verbales modales.

soportar	visitar	ir
deber	hacer	tener

1. Tu móvil _____ estar aquí.

2. ¡Chicos! Ahora _____ arreglar la mesa.

3. Queremos _____ Europa del Norte algún día.

4. Marisol suele _____ meditación por la mañana.

5. ¿Dónde está el mando de la tele? Es que no puedo _____ más este canal.

Completa las siguientes frases usando perífrasis verbal aspectual.

a	esperar	ir
cocinar	de	hablar

1. Llevamos 2 horas _____ pulpo a la gallega.

2. Voy a _____ de compras con mis amigas.

3. Me pongo a _____ con una niña en el pasillo del piso.

4. Volvemos _____ tener la vida normal después de 2 años.

5. Los periodistas siguen _____ al futbolista delante de su casa.

● **Formas no personales de los verbos**

	Infinitivo	Participio	Gerundio
Variación	Verbos terminados en **-ar, -er, -ir**	Verbos terminados en **-ado, -ido**	Verbos terminados en **-ando, -iendo**
Ejemplo	habl**ar** com**er** viv**ir**	habl**ado** com**ido** viv**ido**	habl**ando** com**iendo** viv**iendo**

- **Formas irregulares del participio**

- erto	- elto
abrir – abierto morir- muerto descubrir - descubierto	volver – vuelto devolver – devuelto resolver -resuelto
-echo(icho)	**- puesto**
hacer – hecho satisfacer - satisfecho decir – dicho	poner – puesto componer – compuesto exponer – expuesto
-ito(-oto, -isto)	
escribir -escrito romper – roto ver - visto	

- **Formas irregulares del gerundio**

e - i	o – u	+ y
decir – diciendo pedir – pidiendo repetir – repitiendo venir- viniendo seguir -siguiendo	dormir – durmiendo morir -muriendo poder - pudiendo	ir -yendo leer – leyendo oír – oyendo traer -trayendo construir -construyendo

- **INTIFITIVO**

    - Mi afición es **nadar** en el mar.

    - Me gusta **ver** vídeos de Youtube.

    - **Hablar** mucho significa saber poco.

- **PARTICIPIO**

  - Es pan **comido**.

  - El arroz no está **hecho**.

  - La pantalla del móvil está **rota**.

  - El chef Ferrán es muy **conocido** por todo el mundo.

  - Los niños de la guardería vuelven a casa **satisfechos**.

- **GERUNDIO**

  - **Siguiendo** este atajo, podemos llegar en punto.

  - Estoy **leyendo** una novela galardonada con un premio.

  - **Andando** por el centro, me encontré con un amigo mío.

  - Estoy con un cliente que sigue **repitiéndome** la misma queja.

  - Lorena está **escuchando** la banda sonora de la serie, 'Cuéntame'.

- **PERÍFRASIS VERBAL, 'ESTAR + GERUNDIO'**

  La perífrasis verbal **estar + gerundio** se utiliza en español para expresar una acción presente que está en desarrollo en el momento en el que se habla.

Estar	Gerundio

Estoy		
Estás		
Está		hablando
Estamos + -ando/-iendo →	Estoy +	comiendo
Estáis		viviendo
Están		

ESTAR		Acción en desarrollo o acción repetida
LLEVAR	+ Gerundio	Duración de la acción
SEGUIR		Continuación de una acción

Estoy andando.

Llevo andando 15 minutos.

Sigo andando.

Vamos a escribir la perífrasis de gerundio de la actividad que representan las imágenes.

ESTAR + Gerundio	ACTIVIDAD
Cocinar Merendar Preparar la comida	
Meditar Hacer meditación Hacer estiramiento (yoga)	
Picar algo Salir por la noche Beber (tomar) cerveza	
Tocar la guitarra Componer una canción Tocar un instrumento musical	
Dar un paseo Dar una vuelta Pasear con mis perros	

CONTENIDOS COMUNICATIVOS

CONOCIMIENTOS LINGÜÍSTICOS

CONTENIDOS SOCIOCULTURALES

MP3
06-02

¿Por qué los futbolistas y sus aficiones celebran sus triunfos en fuentes?
Vamos a ver el porqué de elegir estos lugares para celebrar

REAL MADRID & Fuente de Cibeles

En el caso de la fuente de Cibeles y los equipos madrileños, no hay ningún motivo especial. Los seguidores del Atlético de Madrid fueron a esta fuente para celebrar la victoria de su equipo y, poco a poco, los aficionados del Real Madrid, imitaron a los primeros, yendo a celebrar las victorias de su equipo. Con el paso del tiempo, el Real Madrid conseguía cada vez más premios y títulos por lo que sus celebraciones eran más que las del Atlético de Madrid, y se fue asociando la fuente de la diosa Cibeles al Real Madrid. Los aficionados del Atlético de Madrid eligieron la fuente de Neptuno para convertirla en su lugar de celebración.

Barça & Fuente de Canaletas

En el caso del Barça y el porqué de celebrar sus victorias en la fuente de Canaletas, hay que remontarse a los años 30. En esta época, delante de esta fuente, se encontraba la redacción del periódico deportivo 'La Rambla'. Como en aquellos años la tecnología, como televisiones o radios no se utilizaban para estas cosas, los aficionados iban a la fuente de Canaletas para poder ver los resultados del partido en una pizarra que la redacción del periódico colgaba fuera. Por eso, cuando el Barça ganaba, sus aficionados celebraban allí mismo su victoria.

Llama la atención que cada equipo español (sobre todos los que más partidos o competiciones ganan) tienen una fuente de referencia para que su afición pueda celebrar la alegría de que sus equipos favoritos hayan conseguido el triunfo.

ESCUDO	FUENTE	CELEBRACIÓN
Real Madrid	Cibeles	
F.C. Barcelona	Canaletas	
Atlético de Madrid	Neptuno	

UNIDAD 7

MP3
07-01

¿QUÉ TE GUSTA?

¡Chicos!

¿Qué os gusta hacer?

¿Cuál es vuestra afición?

Mi afición es
hacer surf.

Me gusta
escuchar música.

Mi hobby es
ir de camping.

Mi afición es
hacer deporte.

Me gusta
nadar.

Mi hobby es
leer libros.

Entrevistadora: Buenas tardes, chicos.

Os voy a hacer una pregunta y **me la** respondéis.

¿Por qué queréis trabajar en esta compañía?

Miriam: Mi hermana trabaja aquí, por eso me recomendó venir y **me motivó** a echar mi CV.

Francisco: En mi caso, **me gustan** mucho los videojuegos y me interesa trabajar en esta empresa.

Miguel: Pues, **me apetece** trabajar aquí por el ambiente laboral, me da buenas sensaciones.

Entrevistadora: De acuerdo, tomo nota de vuestras respuestas y **os** doy las gracias por venir.

- Complemento directo e indirecto
- Estructura del verbo GUSTAR
- Alternativas al verbo GUSTAR

● **Pronombres reflexivos de complemento indirecto**

Se trata de aquellos pronombres que indican que la acción se realiza para uno mismo o a otra persona (CI).

	SINGULAR	PLURAL
1ª persona	**ME** **a mí**	**NOS** **a nosotros/as**
2ª persona	**TE** **a ti**	**OS** **a vosotros/as**
3ª persona	**LE** **a él** **a ella** **a usted**	**LES** **a ellos** **a ellas** **a ustedes**

Vamos a comprobar cómo se usa el complemento indirecto en las oraciones siguientes.

Ella cocina una sopa de marisco.	Luisa **le** cocina una sopa de marisco **a su hija**.
David **me** pasa la pelota **(a mí)**.	El profesor **nos** contesta **(a nosotros)**.

La enfermera **les** pone la vacuna (**a los ciudadanos**).	La jefa **os** cuenta el proceso del proyecto (**a vosotras**).

Completa las frases con el pronombre reflexivo adecuado.

1. Yo _____ hago la pelota **a Vanesa**.

2. Manuel _____ presta un boli (**a mí**).

3. Juan _____ da platos originales de Asia (**a ti**).

4. Vosotros _____ regaláis un libro **a los profesores**.

5. El gobierno _____ dice las novedades del coronavirus (**a nosotros**).

En el siguiente ejercicio analizad las frases, y señalad el complemento indirecto y sustituid las palabras en negrita por los pronombres reflexivos adecuados.

EJEMPLO

Estoy esperando (**a ti**) con todo el corazón.
= **Te** estoy esperando con todo el corazón.

- Él mira **a la gente** por encima del hombro.

- Dio **a su suegro** un fuerte abrazo para despedirse.

- Envía mensajes **a sus padres** desde el Mediterráneo.

- Josefina escribe una postal **a nosotros** desde la playa.

- El entrenador sube más pesos **a vosotros** para ganar músculos.

- **Pronombres de complemento directo**

  Los pronombres funcionan para sustituir al nombre de objeto, cosa, persona. Con esta forma(pronombre) se puede evitar la repetición del sustantivo mencionado.

	SINGULAR	PLURAL
1ª persona	ME	NOS
2ª persona	TE	OS
3ª persona	LO LA	LOS LAS

  - Te quiero mucho.

  - A: Compro lotería todos los sábados.

    B: ¿La compras cada sábado? Buah, es una tontería.

  - A: Necesito una cebolla y dos pepinos.

    B: No te preocupes, los tengo en mi casa.

  ¡OJO!

  Una vez se ha mencionado un complemento directo en el contexto ya no se repite el CD. En este caso se usa el pronombre de CD.

	CD	Pronombre de CD	
Ella come **una sandía.**	**una sandía**	**la**	Ella se la come.
Mi abuela trae **bombones.**	**bombones**	**los**	Mi abuela los trae.
Él compra **dos pepinos y una cebolla.**	**dos pepinos y una cebolla**	**los**	Él los compra.

A continuación, vamos a observar el uso del complemento directo e indirecto en los siguientes textos.

MODELO con el complemento directo:

Últimamente se ha estrenado **la nueva canción** de Rosalía y estoy escuchando **la nueva canción** ahora. En la discoteca y en las redes sociales, ponen **la nueva canción**. También mis amigos escuchan **la nueva canción**.

MODELO con PRONOMBRE del complemento directo:

Últimamente se ha estrenado **la nueva canción** de Rosalía y **la** estoy escuchando ahora. En la discoteca y en las redes sociales **la** ponen. También mis amigos **la** escuchan.

MODELO con el complemento directo:

Mi madre suele cocinar fideos. Mi familia y yo comemos **fideos** a menudo. A veces mi padre no come **todos los fideos** y deja **los fideos** en su plato, pero mi hermano y yo sí comemos **todos los fideos**.

MODELO con PRONOMBRE del complemento directo:

Mi madre suele cocinar fideos. Mi familia y yo **los** comemos a menudo. A veces mi padre no **los** come y **los** deja en su plato, pero mi hermano y yo sí **los** comemos todo.

Reescribe las siguientes oraciones utilizando el pronombre correspondiente en cada caso.

1. Elena conoce muy bien a Rubén.

→

2. Oye, ¿has recibido mi último correo electrónico?

→

3. El camarero ha traído un pollo frito ahora mismo.

→

4. Mi hermana quiere aprender a cocinar comida japonesa.

→

5. El nuevo tren tiene unos asientos más grandes y cómodos.

→

• Orden de los pronombres indirectos y directos

Cuando se usan a la vez el complemento directo e indirecto, se pone primero el indirecto y después el directo.

- Mi abuela **me** trae **bombones dulces**.

  ↓   ↓

  CI   **CD**

  = Mi abuela **me los** trae.

- Mi abuela **nos** trae **una tarta rica.**

  = Mi abuela **nos la** trae.

- Mi abuela **les** trae **bombones y tartas** a sus nietos.

  = Mi abuela **SE los** trae.

Identifica cuál es el complemento directo e indirecto en las frases y reescríbelas usando los pronombres correspondientes.

1. El profesor da buenas notas a vosotros.

→

2. Carlos cuenta su anécdota a ti sin parar.

→

3. Mi tío regala entradas de El Clásico a nosotros.

→

4. Los voluntarios preparan un sándwich a los indigentes.

→

5. La agencia de viajes pasa el presupuesto del viaje a los clientes.

→

Estructura del verbo GUSTAR

CI preposicional	CI reduntante	Verbo	Sujeto
A mí	me	gusta gustan	**Infinitivo** Me gusta **nadar.**
A ti	te		
A él A ella A usted	le		**Sustantivo singular** Me gusta **la natación.**
A nosotros	nos		
A vosotros	os		**Sustantivo plural** Me gust**an** **la natación y el baloncesto.**
A ellos A ellas A ustedes	les		

¡Vamos a practicar! Escribe o comenta con tus compañeros utilizando el verbo gustar.

Otros verbos que tienen la misma estructura que el verbo GUSTAR:

Encantar	Apetecer	Parecer
Preocupar	Importar	Molestar
Fascinar	Doler	Convencer
Quedar/sentar (algo bien/mal a alguien)	Caer (bien/mal a alguien)	Llamar la atención
Dar (miedo/cosa/vergüenza)	Aburrir	Favorecer

¡Vamos a practicar! Escribe o comenta con tus compañeros utilizando verbos similares al verbo gustar.

1. **Me da** vergüenza ajena.

2. **No les gusta** nada estar solos.

3. **Te duele** la cabeza todo el día.

4. **Le queda bien** la camisa blanca.

5. **Nos gusta** picar palomitas en el cine.

6. **¿Os cae bien** el profesor de matemáticas?

7. **¿Te llama la atención** la noticia del gobierno?

8. **A mi abuelo le encanta** dar una vuelta por el barrio.

9. **Me molesta** un poco el polvo que hay en el ambiente en Seúl.

10. A: **No me importa** comer fritangas, ¿y a ti?

    B: Mmmm... A mí sí **me importa**. Yo que tú, no las comería.

Completa las frases poniendo el verbo que aparece entre paréntesis en la forma adecuada junto con su pronombre correspondiente.

1. **A nosotros** (dar) _____ cosa decir la verdad.

2. **A mis colegas** (molar) _____ la montaña rusa.

3. **A mí** (aburrir) _____ mucho leer libros de Economía.

4. Creo que **a ti** (favorecer) _____ más esa falda blanca.

5. **A mi mejor amigo** (interesar) _____ la programación.

6. Sufren mucho porque **a ellos** (doler) _____ el estómago.

7. **A mi familia** (encantar) _____ tomar sangría con queso.

8. Los españoles (dar) _____ dos besos **a la gente** para saludar.

9. **A mi hermano y a ti** (sorprender) _____ la novedad de María.

10. **A vosotras** (dar) _____ tranquilidad hacer yoga por la mañana.

"Soy opositor"
"Estoy opositando"
"Estoy preparándome las oposiciones"

¿Cómo son las oposiciones en España?

Las oposiciones son exámenes de selección llevados a cabo en España para acceder a un puesto de trabajo en los sectores públicos: hospitales, ministerios, colegios, policía, abogados, jueces, etc.

¿En qué consiste?

Por norma general, este proceso suele consistir en una o varias pruebas y exámenes que sirven para evaluar la competencia de los candidatos para acceder a ese puesto. Dependiendo de la puntuación que obtengan, se establece un orden de prioridad para elegir el organismo o la ciudad.

Curiosidades

1. Debido a que es un temario muy extenso, los opositores empiezan a estudiar mucho tiempo antes de saber la fecha del examen. Algo sorprendente es que, cuando una persona decide opositar, no sabe cuándo será el examen. No existe una fecha concreta cada año, sino que hay oposiciones que salen cada dos años o incluso más.

2. Existen distintos niveles en los empleos públicos: A1, A2, B, C1 y C2. Cada nivel

CONTENIDOS COMUNICATIVOS   CONOCIMIENTOS LINGÜÍSTICOS   CONTENIDOS SOCIOCULTURALES

tiene unos requisitos diferentes: nivel de estudios (secundaria, bachillerato, licenciatura, etc.), experiencia (haber trabajado antes en la Administración pública) etc., y cada nivel tiene más nivel de responsabilidad laboral (A es el nivel más alto, C es más bajo).

3. Los opositores que aprueban la primera parte (el examen escrito) tienen que preparar una segunda parte (depende del sector que hayan solicitado), que consiste en una entrevista donde exponen un tema (en el caso de los maestros), unas pruebas físicas (en el caso de policías), un examen oral (jueces), etc.

4. Hay algunas oposiciones que pueden tener hasta 72 temas (suelen ser oposiciones de altos niveles como jueces, puestos altos del Estado, etc.). En los últimos años, debido al alto número de personas desempleadas en España, ser opositor es algo muy común, ya que es un trabajo fijo y estable para siempre. España está en la primera posición del ranquin de personas preparándose las oposiciones entre los países europeos.

5. La imagen de los funcionarios en Corea es de personas ejemplares y responsables. En cambio, en España, como es un trabajo fijo y seguro, se tiene el estereotipo de que los funcionarios de la Administración del Estado son vagos, llegan al trabajo tarde y tienen demasiados descansos para desayunar.

¿TE LEVANTAS TEMPRANO?

Peregrina española: Hola, ¿qué tal?

Peregrina coreana: Un poco cansada, pero bien.

Peregrina española: Yo igual, ¿a qué hora **te despiertas** para el camino?

Peregrina coreana: Aproximadamente a las 6 de la mañana, ¿y tú?

Peregrina española: Me levanto a las 7. ¿Cómo es tu rutina?

Peregrina coreana: Me levanto, me lavo la cara y **me cepillo** los dientes.

Peregrina española: Ya estás lista para darle duro, ¿no?

Peregrina coreana: Jajajaja ¡Eso, eso! Luego **me visto** y **me pongo** las botas y después salgo.

Peregrina española: Por cierto, ¿a qué hora vuelves?

Peregrina coreana: Sobre las 18. **Me ducho** y ya descanso.

Peregrina española: Ya veo, tienes un día entretenido como yo. **Venga**, ¡mucho ánimo!

Peregrina coreana: Igualmente.

Camino de Santiago

¡BUEN CAMINO!

- Verbos reflexivos
- Prombres reflexivos
- Muletillas en español

● **Tipos de verbos**

Verbo regular: hablar

Hablo

Verbo reflexivo: llamar**SE**

Me llamo

- **Verbos reflexivos**

  Los verbos reflexivos se conjugan como los verbos regulares o irregulares (-ar, -er, -ir) pero necesitan un pronombre delante de la conjugación.

  Me llamo
  Te despiertas
  Nos levantamos

- **Pronombres reflexivos**

	SINGULAR	PLURAL
1ª persona	**ME**	**NOS**
2ª persona	**TE**	**OS**
3ª persona	**SE**	**SE**

  Este complemento directo funciona igual como el sujeto, es decir, el complemento recae sobre el mismo sujeto de la oración. Y se refieren a la vida rutinaria, despertarse, levantarse, lavarse, cepillarse los dientes, ducharse, peinarse, afeitarse, secarse, vestirse, ponerse, quitarse, maquillarse, acostarse, etc.

ponerse	maquillarse	levantarse

peinarse	ducharse	lavarse

acostarse	vestirse	despertarse

- A: ¿Cómo **te llamas**?

  B: **Me llamo** Nerea.

- A: ¡Oye, Kike! ¿Con quién **te casas**?

  B: **Me caso** con Inés.

- Por la mañana, **me ducho** y **me afeito**.

- **Nos lavamos** las manos frecuentemente.

- **Me levanto** tarde porque ayer tuve insomnio.

Completa las frases poniendo los verbos que aparecen entre paréntesis en su forma correcta.

1. Mi padre (afeitarse) _____ cada mañana.

2. ¿Tú (lavarse) _____ la cara con jabón?

3. Alfonso (acostarse) _____demasiado tarde.

4. Yo (cortarse)_____ el pelo en la peluquería.

5. Mi mejor amiga (vestirse) _____ muy elegante.

6. Nosotros (divertirse) _____ en el parque de atracciones.

7. En España no (quitarse) _____ los zapatos dentro de casa.

8. ¿A qué hora (levantarse) _____ vosotros normalmente?

9. Mis compañeros (despedirse) _____ de nosotros en el aeropuerto.

10. Las chicas (maquillarse) _____ en Corea desde que tienen 10 años.

- **Muletillas (killer fillers)**

Una **muletilla** es una palabra o frase que se utiliza de forma repetitiva por parte del hablante por hábito. Estas palabras o frases sirven de apoyo o ayuda dentro del discurso cuando no se encuentra la palabra que se quiere expresar o la idea que se necesita comunicar. Es un elemento de la comunicación oral.

1. A ver, es decir, quiero decir, o sea...

A: ¿Me lo puedes repetir, por favor?

B: **A ver**, te explico. **Es decir**, no puedes hacer la consulta hoy.

A: **O sea**, hoy ¿no se puede?

2. Bueno, ya, venga, vaya

A: Hombre, hijo, tienes que arreglar un poco tu cuarto.

B: **Bueno**, mamá, es que hoy es domingo, así que necesito descansar.

A: **Ya...** pero debes limpiar tu habitación ahora.

B: **Vaya**, no me hace caso. **Venga**, vale. Voy, voy.

A: Jefe, esto es el informe que hemos redactado, ¿qué le parece?

B: A ver... mmm **venga**, vale, perfecto.

3. ¿Qué te iba a decir? Ah, sí, cierto...

A: **¿Qué te iba a decir? ¡Ah, sí!**

¿Vamos al cine mañana al final?

B: Vale, vamos mañana.

4. Bueno nada, pues nada

A: ¿Te has enterado de lo de Juan? Es una locura. Estoy en shock.

B: Sí, lo sé. Pero, no me interesa cotillear.

A: Vale, **pues nada**.

5. ... y tal, ... y eso

A: Mamá, aquí tienes la lista de la compra.

B: Necesitamos comprar pan, leche, galletas **y tal** ... Vale, lo tengo.

A: ¿Qué asignatura has tenido en la escuela?

B: En la escuela estudié matemáticas, inglés, física **y eso**, ya sabes, lo típico.

6. Espera, un momento

A: José, entonces, ¿al final a qué tienda vamos para comprar?

B: **Espera, un momento,** déjame pensar.

7. ¿Me sigues? o ¿Me entiendes?

A: No sé si **me explico bien... ¿me sigues?**

B: No, perdóname, estoy perdido.

8. En plan...

A: Es que me da cosa, **en plan**, me da grima.

B: Ya... es un poco cursi, la verdad.

9. Fíjate, mira, imagínate, escucha

A: **Mira**, nos pillaron. Nos van a poner una multa.

B: No te creas, **fíjate**, se van por otro lado.

10. (Eso) Digo yo

A: Este trámite hay que entregarlo antes de esta tarde, **digo yo**.

B: ¿Qué dices? ¡Dios mío, no lo voy a acabar a tiempo!

A: Madre mía, han cogido a Cecilia como directora.

B: No puede ser... seguro que han sido trampas.

A: **Eso digo yo**, pero así están los cosas.

CONTENIDOS COMUNICATIVOS

CONOCIMIENTOS LINGÜÍSTICOS

CONTENIDOS SOCIOCULTURALES

MP3
08-03

Siesta

La palabra 'siesta' define muy bien la cultura española. Los españoles son trabajadores, pero cuidan de su salud y siempre buscan descansar para rendir mejor en su rutina diaria.

Entonces, nos preguntamos: ¿qué es la siesta?

La siesta es una costumbre que consiste en descansar unos minutos después de comer con el objetivo de recuperar energías para el resto de la jornada.

El origen de la siesta realmente viene de Italia, de la época del Imperio Romano y encontramos que "siesta" viene de la palabra latina "sexta", que hace referencia a la sexta hora del día, hora de más calor en la que los romanos tomaban un descanso. Sin embargo, a día de hoy, la cultura de la siesta española es la más conocida entre otros países europeos.

En la actualidad, al hablar del horario de la siesta, podemos decir que este sería entre las 15 y las 17. El rato que se emplea para la siesta es más habitual en días de fin de semana, días en los que las personas no trabajan y tienen tiempo para descansar, así como en personas que su jornada laboral o estudiantil se lo permite. Además, algunos trabajadores (funcionarios, banqueros, etc.) suelen terminar su jornada a la hora de comer (sobre las 15), lo que les da la posibilidad de ir a sus casas a comer y echar su siesta tranquilamente si quieren.

Ahora veremos cómo la hace un español

Dos requisitos para echar la siesta en el trabajo:

1. Buscar un sitio tranquilo con cierta privacidad

2. Écharte la siesta tranquilamente

Después de echar una siesta de entre 20 y 30 minutos, vas a volver a empezar el trabajo con energías renovadas para terminar el resto de tu jornada laboral.

Hay una novedad en España en relación a los descansos en sitios públicos: los "pods", un proyecto piloto para aquellos que necesiten una siesta en un lugar público. Así que no solamente se echan la siesta en el trabajo o en casa, sino también en un lugar público. Esto es una novedad bastante sorprendente porque en España no se ve nunca a nadie durmiendo en bibliotecas o en transporte público. También en algunas empresas como Google y empresas grandes, tienen espacios dedicados al descanso de sus trabajadores.

¿Te echas la siesta después de comer en España?
Qué va, la siesta es algo del pasado, ya no se hace.

"¡Hombre!, la siesta es una costumbre antigua".
"Hoy en día, la vida tiene mucha movida y no se practica"

Así los extranjeros entienden la siesta actual.
No obstante, la siesta sigue teniendo un hueco en la rutina española.

¡OJO!

Con la siesta se pretende descansar para recuperar energía con unos minutos de sueño. No obstante, quedarse dormido en el metro, en la cafetería o una biblioteca no es habitual en España, por lo que, si te ocurre en la bilioteca, el personal de seguridad te despertará para que abandones el lugar.

MP3
09-01

¡HOLA! ¿CÓMO TE LLAMAS?

Jaime: Por cierto, chicos, **¿qué hora es?**

Bea: Son las 11, ¿por qué?

Jaime: ¡Dios! Hoy hay un partido de Liga **sobre las 11**, ¿no?

Luis: Creo que te has equivocado, Jaime. **Hoy es sábado.**

Jaime: Ah, ¿qué día es hoy?

Laura: **Hoy es sábado, 19 de mayo.**

Jaime: Menos mal. El partido **es el día 20 a las 11.**

> **Profesor:**
> A ver, voy a pasar la lista de asistencia.
> Confirmad vuestro nombre, chicos.

Profesor: Por cierto, **¿qué fecha es hoy?**

María: Pues, **hoy es jueves 25 de mayo.**

Profesor: Vale, gracias. Ahora la voy a pasar, chicos.

José: ¡Perdón, profesor! Tengo que salir **media hora** antes para ir al médico.

Profesor: Vale, pero mañana **a las 9** me traes el justificante.

José: De acuerdo.

- Números, hora, fecha
- Días de la semana y meses del año
- Días festivos y puente

● **Números**

Del 0 al 15

1	Uno	2	Dos	3	Tres	4	Cuatro	5	Cinco
6	Seis	7	Siete	8	Ocho	9	Nueve	10	Diez
11	Once	12	Doce	13	Trece	14	Catorce	15	Quince

Del 16 al 19
(diez) Dieci + (número)

11	Dieciséis	12	Diecisiete	13	Dieciocho	14	Diecinueve
	10 + 6		10 + 7		10+8		10 + 9

Del 21 al 30
(veinte) Veinti + (número)

20	Veinte				
21	Veintiuno	22	Veintidós	23	Veintitrés
	20 +1		20 + 2		20 + 3
24	Veinticuatro	25	Veinticinco	26	Veintiséis
	20 + 4		20 + 5		20 + 6
27	Veintisiete	28	Veintiocho	29	Veintinueve
	20 + 7		20 + 8		20 + 9

Del 30 al 90
Treinta y + (número)

30	Treinta				
31	Treinta y uno	32	Treinta y dos	33	Treinta y tres
	30 + 1		30 + 2		30 + 3

34	Treinta y cuatro 30 + 4	35	Treinta y cinco 30 + 5	36	Treinta y seis 30 + 6
37	Treinta y siete 30 + 7	38	Treinta y ocho 30 + 8	39	Treinta y nueve 30 + 9
40	Cuarenta	50	Cincuenta	60	Sesenta
70	Setenta	80	Ochenta	90	Noventa

Escribe con letras los siguientes números.

43		47		52	
54		61		75	
73		86		89	

Del 100 al 1000

100	Cien & ciento	Cien: 100 Ciento: «ciento + número» 101: Ciento uno 120: Ciento veinte
Del 200 al 999		
200	Doscient**os/as**	Doscientos uno, Doscientos dos …
300	Trescient**os/as**	Trecientos uno, Trecientos dos …
400	Cuatrocient**os/as**	Cuatrocientos uno, Cuatrocientos dos …
500	Quinient**os/as**	Quinientos uno, Quinientos dos …
600	Seiscient**os/as**	Seiscientos uno, Seiscientos dos …
700	Setecient**os/as**	Setecientos uno, Setecientos dos …
800	Ochocient**os/as**	Ochocientos uno, Ochocientos dos …
900	Novecient**os/as**	Novecientos uno, Novecientos dos …
1000	Mil	Mil

Escribe con letras los siguientes números.

105		214		320	
404		555		689	
773		876		919	

● **Hora I**

Preguntas : **¿Qué hora es? ¿Tienes hora?**

Respuestas : SER + LA/LAS + hora

07:00	**SER + LAS + hora** Son las 7. Son las siete **en punto.** Son las siete **de la mañana.**	**de la mañana**
15:30	**SER + LAS + hora** Son las **tres y treinta.** Son las **tres y media.** Son las 3.30 **de la tarde.**	**de la tarde**
01:00	**SER + LA + hora** ES la 1. Es la una **en punto.** Es la una **de la noche.**	**de la noche**

Las expresiones para decir la hora.

	10:50	Son las 11 menos 10. Son las once menos diez.
	8:40	Son las 9 menos 20. Son las nueve menos veinte.
	14:15	Son las dos y quince. Son las dos y cuarto. Son las dos y cuarto de la mañana/ de la tarde.
	1:45	Son las 2 menos 15. Son las dos menos cuarto. Es la una y cuarenta y cinco.

Ejercicios		
¿Qué hora es?	**7.55**	→
Perdón, ¿tienes hora?	**16.45**	→
¿Sabes qué hora es?	**18.50**	→
¿Ahora qué hora es?	**1.30**	→

CONTENIDOS COMUNICATIVOS

CONOCIMIENTOS LINGÜÍSTICOS

CONTENIDOS SOCIOCULTURALES

- **Hora II**

  Pregunta : **¿A qué hora empieza la clase de danza?**

  Respuesta : VERBO   +   **A**   +   LA/LAS   +   hora

 **¿A qué hora empiezan las rebajas?**	**VERBO + A + LAS + hora** Empiezan a las 20h. Empiezan a las 8h de la tarde.
¿A qué hora comemos el roscón?	**A + LAS + hora + VERBO** A las 4 podemos comer. A partir de 4 de la tarde. A las 4 comemos.
 **¿A qué hora es la reunión?**	**DESDE + LAS + hora** **A PARTIR DE + LAS + hora** Desde las 10. A partir de las 10 de la mañana.

Ejercicios

Perdón, ¿a qué hora podemos pasar?	8.00	➜
¿Sabes a qué hora cierra esta tienda?	19.30	➜
¿A qué hora cenas en España?	21.00	➜

- **Meses**

1 enero	2 febrero	3 marzo	4 abril
5 mayo	6 junio	7 julio	8 agosto
9 septiembre	10 octubre	11 noviembre	12 diciembre

- **Fecha**

¿Qué día es hoy?

Hoy es domingo,
11 de agosto de 2024.

DÍA DE LA SEMANA	,	DÍA	DE	MES	DE	AÑO
Domingo	,	11	de	agosto	de	2024

→ **Hoy es** domingo, once de agosto de dos mil veinticuatro

Ejercicios

 →

2023
Septiembre

Lu	Ma	Mi	Ju	Vi	Sa	Do
			1	2	3	4	5
6	7	8	9	10	11	12
13	14	(15)	16	17	18	19
20	21	22	23	24	25	26
27	28	29	30			

→

2023
Septiembre

Lu	Ma	Mi	Ju	Vi	Sa	Do
			1	2	3	4	5
6	7	8	9	10	11	12
13	14	15	16	17	18	19
20	21	22	23	24	25	26
27	28	29	(30)			

→

• Días festivos y puente

*Puente	Fiestas	Días festivos	Fiesta nacional Fiesta local
Semana santa	Nochebuena	Nochevieja	Día de Año Nuevo
Día de Reyes	Navidad	Día de la Madre	Día del Padre

* Puente: En España es cuando hay un día de descanso, un día laboral y otro día de descanso. Entonces, a veces el gobierno, sobre todo en los colegios, el día de en medio lo da también libre para así hacer como un puente entre ambos días de descanso. En el mundo laboral no suele pasar, por eso, también se llama puente cuando hay 3 o más días seguidos de vacaciones.

Ambientes navideños

CONTENIDOS COMUNICATIVOS

CONOCIMIENTOS LINGÜÍSTICOS

CONTENIDOS SOCIOCULTURALES

¿Tomamos algo?

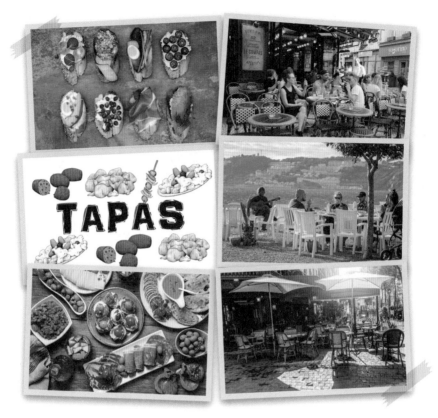

Un buen ambiente en una terraza siempre nos llama la atención y queremos estar ahí con nuestros amigos tomando algo rico, pensando "Esto es la vida". Como se suele decir en España, "En España, se vive bien y se come bien".

¿Sabéis por qué en España una terraza se ve como algo atractivo y con encanto?

¡Primero! Disfrutar del buen tiempo

En España, el buen tiempo y el sol invitan a pasar más tiempo en la calle. Por eso, algo que es súper típico de España es el **terraceo**, o lo que es lo mismo, ir a tomarte unas cervezas o un café con amigos en las terrazas de bares y cafeterías. Cuando llega el buen tiempo, los españoles adoran sentarse en una terraza y pasar varias horas hablando, riendo y compartiendo experiencias mientras comen y beben.

¡Segundo! Precio asequible

La segunda ventaja del terraceo y del tapeo es el precio. En comparación con lo que puede costar este pasatiempo en Corea, en España es económico. En las terrazas, nos ponen un precio razonable y justo, porque no se trata de comer un plato completo de algo, sino de picar algo pequeño para acompañar la bebida. Dependiendo de la economía de cada persona, se puede ir 2 o 3 veces a la semana solo a tomar una caña sin preocuparse del dinero.

¡Tercero! La clave: ¡la comida española!

La comida española es riquísima. Seguro que todas las tapas que te ponen, te van a encantar. ¿Por qué son buenas? Porque España tienen lo que se conoce como **"Dieta Mediterránea"** que es rica en aceite de oliva, frutas y verduras bien cultivadas gracias al clima. El mundo culinario español está muy desarrollado, y los españoles siempre buscan disfrutar de buena comida, rica y saludable, y eso es lo que nos encontramos cuando vamos a un bar, no solo a restaurantes de lujo.

¿Estáis preparados para ir de tapeo en España?

Calamares

Patatas bravas

Croquetas

Pimientos fritos

Pulpo a la gallega

Berenjena con miel

Huevos rotos

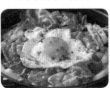

Revuelto de morcilla

Chorizo

MP3
10-01

¿QUÉ VAS A PEDIR?

Camarera: ¡Hola, chicos! ¿Para beber?

Mirella: Mmmm, pues, quiero una coca cola, ¿y tú, Enrique?

Enrique: Me pones agua con gas, por favor.

José: Yo no pido nada, que no tengo hambre, gracias.

Camarera: Perfecto, **¿qué vais a pedir** de primero?

Mirella: Creo que **pediré** una ensaladilla rusa.

Enrique: Pues, yo **voy a comer** las lentejas.

Camarera: Genial, ¿y de segundo?

Mirella: Yo chipirones con patatas.

Enrique: **Voy a probar** chuleta de ternera.

Camarera: Muy bien, enseguida os los traemos.

Ensaladilla rusa	Lentejas	Chuleta de ternera	Chipirones

Camarera: Chicos, ahora ¿qué postre queréis?

Mirella: Mmm...arroz con leche. ¡Ah, no! Perdón, me pones flan.

Enrique: Pues, yo quiero natillas.

Camarera: Ahora, os los traigo.

Arroz con leche	Natillas	Flan

Dulces típicos en España

Torrijas	Churros	Turrón

Roscón de Reyes	**Palmeritas**	**Mazapán**

Bombones	**Rosquillas del Santo**	**Buñuelos de Santo**

CONTENIDOS COMUNICATIVOS

CONOCIMIENTOS LINGÜÍSTICOS

CONTENIDOS SOCIOCULTURALES

- Verbo en futuro
- Otras formas para expresar futuro
- Expresiones útiles: en la cafetería, en las tiendas, en el transporte, en el alojamiento y en el museo

● **Conjugación de verbos regulares en futuro simple**

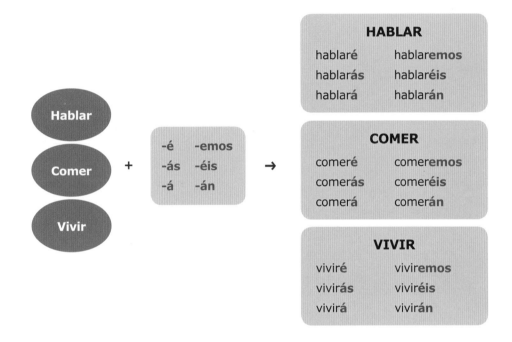

HABLAR

hablaré	hablaremos
hablarás	hablaréis
hablará	hablarán

COMER

comeré	comeremos
comerás	comeréis
comerá	comerán

VIVIR

viviré	viviremos
vivirás	viviréis
vivirá	vivirán

Hablar
Comer
Vivir

+

-é	-emos
-ás	-éis
-á	-án

→

Escribe los siguientes verbos conjugados en todas las personas.

trabajar	entender	abrir

cambiar	acceder	pedir

- **Conjugación de verbos irregulares en futuro simple**

  En estos verbos, se le añade consonante -d- a la raíz del verbo.

tener		venir		poner	
tendré	tendremos	vendré	vendremos	pondré	pondremos
tendrás	tendréis	vendrás	vendréis	pondrás	pondréis
tendrá	tendrán	vendrá	vendrán	pondrá	pondrán

En estos verbos, se deja la raíz pod,- sab-, quer, etc. y quitar el consonante -e.

poder		saber		querer	
podré	podremos	sabré	sabremos	querré	querremos
podrás	podréis	sabrás	sabréis	querrás	querréis
podrá	podrán	sabrá	sabrán	querrá	querrán

En estos verbos, se elimina la desinencia -er o -ir y se añade la desinencia conjugada correspondiente.

decir		hacer		poner	
diré	diremos	haré	haremos	pondré	pondremos
dirás	diréis	harás	haréis	pondrás	pondréis
dirá	dirán	hará	harán	pondrá	pondrán

- **Usos del futuro simple**

  Se usa para expresar una acción futura, una intención hacía el futuro, una predicción, una suposición o una probabilidad.

  - Mi banda favorita **vendrá** a mi ciudad.

  - Desde el mes que viene, **tendré** teletrabajos.

  - El próximo agosto **será** la boda de mi colega.

  - Cualquier persona **podrá** subir un video a las redes sociales.

  - **Visitaremos** el Mercado de Abasto en Tirso de Molina pasado mañana.

  Se usa para expresar suposición o hipótesis.

  - A: ¿Qué hora es?

    B: **Serán** las nueve y media.

  - A: ¿De quién **será** esa casa?

    B: **Será** de María.

  - A: ¿Quién **será** a esta hora?

    B: **Será** un vecino mío.

  Se usa para expresar una forma imperativa de manera suave.

  - Me **dirás** tú.

  - Le **pasarás** el contacto de Manuel.

  - **Te portarás** bien en casa de los abuelos.

Completa el hueco con la forma correcta de los verbos entre paréntesis.

1. ¡Mamá! Yo (volver) _____ tarde hoy.

2. (Nevar) _____ mucho la semana que viene.

3. Yo (tener) _____ que entregar el trabajo mañana.

4. Dentro de unas horas (cerrar) _____ el locutorio.

5. Nosotros (buscar) _____ en Wallapop una televisión de segunda mano.

- **Otras formas para expresar futuro**

  'Perífrasis verbal (ir + a + infinitivo)'

  Esta perífrasis expresa en presente una acción con sentido de futuro. Esta construcción se utiliza a menudo en español en lugar del futuro simple en la lengua hablada para expresar una acción planeada o algo que ocurrirá pronto.

	Ir a infinitivo	
1ª persona	Voy a hablar	Vamos a hablar
2ª persona	Vas a hablar	Vais a hablar
3ª persona	Va a hablar	Van a hablar

- A: ¿Qué **vas a hacer** después de la clase de español?

  B: **Voy a ir** a casa y ceno con mi familia.

- A: ¿Qué película **vamos a ver**?

  B: **Vamos a ver** una película de acción, ¿qué te parece?

- A: ¿Qué trabajo **vas a querer**?

  B: De momento, no lo sé. Pero creo que trabajaré en alguna empresa grande.

- **Marcadores temporales de futuro**

Luego	La semana que viene = La próxima semana
Después	El mes que viene = El próximo mes
Más tarde	El año que viene = El próximo año
Mañana	Este fin de semana
Pasado mañana	El finde semana que viene = El próximo fin de semana
Esta mañana/esta tarde/esta noche	El verano que viene = El próximo verano
Dentro de unas horas/unos días	El lunes que viene = El próximo lunes

Expresiones útiles para cuando estés en España. También puedes formular preguntas o frases que creas necesarias para los siguientes lugares.

En la cafetería

¿Qué vas a pedir?
¿Qué quieres beber?
¿Para beber/tomar?

Disculpa, la carta, por favor.
Me das un helado de chocolate.
Quiero una botella del tiempo (una jarra de agua).

Tengo alergia al pepino, ¿lo puedes quitar?
¿Tenéis comida para veganos?

Perdón, ¿tenéis wifi?
¿Se puede usar el wifi de aquí?

Me das el ticket/la factura, por favor.
La bebida para llevar (take out).

La cuenta, por favor/¿Nos cobras?

¿ _____ ?

¿ _____ ?

¿ _____ ?

En las tiendas

Quiero solicitar la exención de impuestos.
= Quiero hacer tax free, por favor.

Quiero cambiarlo.
Es que no me convence.

¿Dónde está el probador (fitting room)?
¿Puedo probármelo?

¿Me puedes mirar si hay una talla 34 (XS)?
Perdón, ¿tenéis una talla M?

¿Me traes una 38, por favor?
Es un poco pequeño/grande.
= me queda bien/pequeño/grande.

¿ _____ ?

¿ _____ ?

¿ _____ ?

En el transporte

Autobús urbano

Autobus interurbano

Metro

Tren (AVE/Cercanía)

Taxi

Cabify

ShareNow (Car2go)

Bolt

Buenas, ¿este autobús llega hasta Moncloa?

Hola, ¿este autobús pasa por la calle Hermocillo?

Con permiso.

Perdón, ¿puedo pasar?

Disculpa, ¿me dejas/me permites?

Aplicaciones para reservar taxis o Uber, Cabify, Bolt, etc.

¿Sabes alguna aplicación para pedir un taxi?

¿Se paga automáticamente por la app?

¿Se puede cancelar la reserva sin comisiones?

¿ _____ ?

¿ _____ ?

¿ _____ ?

En el alojamiento

Hosteles /Albergue

Casa rural

Buenos días, ¿qué tal?

He reservado una habitación a nombre de Rocío para hoy.

¿Está todo incluido (desayuno, piscina, etc.)?

Perdona, ¿puedo dejar las maletas?

¿Nos puedes guardar las maletas, por favor?

¿A qué hora es el check-in/check-out?

¿ _____ ?

¿ _____ ?

En el museo

Museo Nacional del Prado

**Museo Nacional Centro de
Arte Reina Sofía**

**Museo Nacional
Thyssen-Bornemisza**

Quería una entrada para un adulto y otra para un estudiante.

Disculpe, ¿se puede hacer fotos aquí?

¿Dónde está el catálogo del museo?

¿Tenéis audioguías en coreano?

¿ _____?

Si piensas en comidas españolas, ¿qué es lo primero que te viene a la cabeza?

¿¿Paella??
¿¿Gambas al ajillo??

Pues sí, son de las comidas que todo extranjero conoce en cuanto piensa en España. En cambio, la gastronomía española es de las más ricas debido a lo que se conoce como dieta Mediterránea. Por eso, para que no te pierdas nada de la cultura gastronómica española, vamos a ver algunos de los platos más famosos entre los españoles.

¿Las tapas?

Las tapas son muy famosas como comidas españolas, pero esto no es el nombre de un plato sino que se refiere a la manera de presentar una comida: una tapa es un plato pequeño con poca cantidad de comida que se pone para picar con más personas. Por ejemplo, 'las gambas' son muy conocidas entre los coreanos y es una comida que suele servirse como tapa.

Veamos ahora 5 ejemplos de platos típicos que tienes que probar, si vas a España

Jamón

El jamón es conocido a nivel mundial como una de las delicias que aporta la gastronomía española. Pero no es solo famoso en el extranjero, en España el jamón serrano es casi un ingrediente que todos los españoles tienen en sus cocinas.

Hay una cosa muy importante: el sabor es mucho mejor si se come en España, por el sol y la humedad. Es decir, si lo comes en Corea, el sabor va a ser un poquito peor.

Cocido

Realmente el cocido no es un plato muy conocido para los extranjeros, pero sí es uno de los más típicos en España.

Esta comida consiste en dos platos: una sopa que siempre se come primero y un segundo en el que se incluyen diferentes tipos de carne, garbanzos, chorizo, patata y zanahoria. Hay personas que lo comen junto con la sopa y otros por separado.

Tortilla de patatas

¡¡Riquísima!!

Hay debates sobre cuál es mejor: cuajada o menos cuajada. Pero todo el mundo coincide ¡en que es una delicia!

La elaboración es muy sencilla, así que puedes hacerla con una receta en tu casa.

Pisto manchego

Un plato sano y saludable de la cocina mediterránea, como nos gusta en Corea. Son verduras y salsa de tomate con huevo frito.

Salmorejo y Gazpacho

Estos dos platos son los más famosos en el verano. Sus ingredientes son sanos y frescos, así que son buenos para hacer dieta. Siempre es preferible el que se hace en casa con tus propios ingredientes, aunque también los venden envasados.

MP3
11-01

¿QUÉ HICISTE?

Teresa: ¡Hola, Enrique!¡Cuánto tiempo!

Enrique: Hola Teresa, ¿qué tal? Bueno, **¿qué hiciste** en las vacaciones?

Teresa: Muy bien, **estuve** en Ibiza con mis amigos.

Enrique: Guau, ¿y qué tal **fue**?

Teresa: Pues muy bien, **me gustó** mucho y visitamos muchos sitios interesantes. ¿Y tú?

Enrique: **Estuve** en París con mi familia y **comimos** platos originales.

Teresa: ¡Qué bien! ¿Has ido a la Torre Eiffel?

Enrique: Claro que sí, **estuvimos** e **hicimos** muchas fotos.

Teresa: ¡Me encantaría verlas!

Enrique: Ven, que te las enseño.

Las calas recomendables en Ibiza y Mallorca, Menorca

Cala Salada Lagoon, Ibiza

Caló des Moro, Mallorca

Cala galdana, Menorca

- Verbos en pasado (1)
- Pretérito perfecto simple e imperfecto

- **La línea temporal del pasado**

  Podemos localizar los dos pasados del español dependiendo de la duración de una acción en el pasado.

- **Pretérito perfecto simple**

- **Pretérito imperfecto**

- **Conjugación de verbos regulares en pretérito perfecto simple**

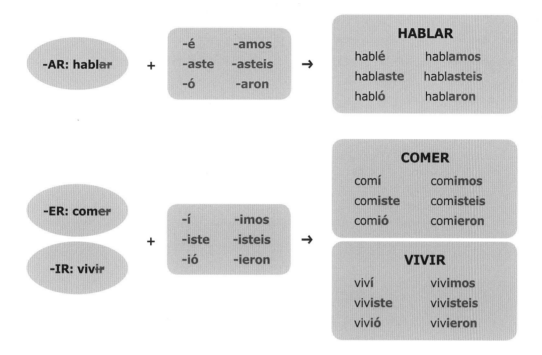

Terminación en **-AR**

trabajar	estudiar	cambiar

Terminación en **-ER**

aprender	entender	beber

Terminación en **-IR**

abrir	subir	escribir

Verbos irregulares del pretérito perfecto simple

Ir/ser: fui, fuiste, fue, fuimos, fuisteis, fueron

Tener: tuve, tuviste, tuvo, tuvimos, tuvisteis, tuvieron

Estar: estuve, es tuviste, estuvo, estuvimos, estuvisteis, estuvieron

Poner: puse, pusiste, puso, pusimos, pusisteis, pusieron

Poder: pude, pudiste, pudo, pudimos, pudisteis, pudieron

Decir: dije, dijiste, dijo, dijimos, dijisteis, dijeron

Traer: traje, trajiste, trajo, trajimos, trajisteis, trajeron

Dar: di, diste, dio, dimos, disteis, dieron

Venir: vine, viniste, vino, vinimos, vinisteis, vinieron

Hacer: hice, hiciste, hizo, hicimos, hicisteis, hicieron

Querer: quise, quisiste, quiso, quisimos, quisisteis, quisieron

● **Usos del pretérito perfecto simple**

Existen algunos marcadores temporales para hablar de acciones del pasado, por ejemplo: ayer, el año pasado, la semana pasada, el lunes pasado, el mes pasado, hace dos años, etc.

- Ayer **llegué** a casa tarde.

- Mis padres **se jubilaron** la semana pasada.

- A: **¿Salisteis** anoche?

  B: No, anoche no **salimos**, **descansamos** en casa.

- A: ¿Cuándo **ocurrió** la pandemia del coronavirus?

  B: **Empezó** a principios de 2020.

- A: ¿Dónde **naciste**?

  B: **Nací** en Seúl.

- Hace dos años **estuve** en París.

Otro de los usos del pretérito perfecto simple es para nombrar una serie de acciones pasadas, así como para narrar historias.

- Mi gato **saltó** del sofá y **tocó** un muñeco del suelo.

- De repente, un coche **se acercó**, **chocó** contra mí y **me caí**.

- En ese momento, **sopló** mucho viento, un cartel **se cayó** y la gente **huyó**.

● **Conjugación de verbos irregulares en pretérito imperfecto**

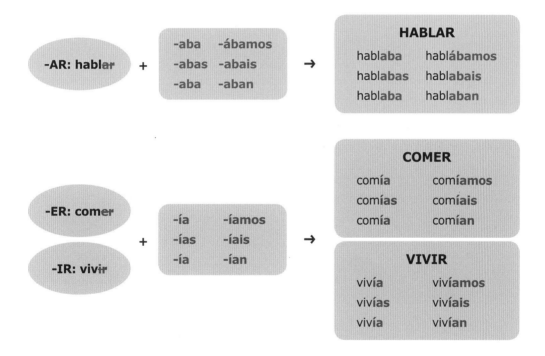

● **Usos del pretérito imperfecto**

Se usa para expresar un pasado habitual, repetido, periódico. No sabemos ni el principio ni el final de estas acciones.

- Mi abuelo siempre **comía** a la misma hora.

- **Paseaba** con mi perrito por ese parque todos los días.

- Cuando era pequeño, **vivía** en el barrio de Chamberí.

Para describir personas, objetos, lugares.

- Suecia **era** una pasada y los suecos **eran** modernos.

- No **había** nadie en el estadio Bernabéu, ¿qué pasó?

- Cuando el rey Felipe VI **era** pequeño, **era** guapo y rubio.

Para expresar la cortesía.

- **Quería** hacerte una pregunta.

- **Tenía** una noticia que darle, señor.

- Buenas tardes, **teníamos** cita con el doctor.

EL CONFORMISTA

Cuando **era** joven, **quería** vivir en una ciudad grande.
Cuando **perdí** la juventud, **quería** vivir en una ciudad pequeña.
Ahora quiero vivir.

- Ángel González -

Otros verbos irregulares en pretérito imperfecto

Ser		Ir		Ver	
era	éramos	iba	íbamos	veía	veíamos
eras	erais	ibas	ibais	veías	veíais
era	eran	iba	iban	veía	veían

- **Diferencias entre el pretérito perfecto simple y el pretérito imperfecto.**

Pretérito perfecto simple **momento concreto** en el pasado	vs	Pretérito imperfecto **pasado habitual** con una duración
Vi una película anoche. vi ———— presente ↑ **anoche**	**Ver**	**Veía** una película cada domingo. veía ———— presente ●———● **cada domingo**
Mi hijo **se rompió** la pierna hace poco. rompió ———— presente ↑ **hace poco**	**Romper**	Mi hijo **se rompía** los huesos a menudo, cuando era pequeño. rompía ———— presente ●———● **cuando era pequeño**
El año pasado **hice** el Camino de Santiago en bici. hice ———— presente ↑ **el año pasado**	**Hacer**	Cada verano **hacía** el Camino de Santiago en bici. hacía ———— presente ●———● **cada verano**

CONTENIDOS COMUNICATIVOS

CONOCIMIENTOS LINGÜÍSTICOS

CONTENIDOS SOCIOCULTURALES

Elige el tiempo correcto para las siguientes oraciones.

1. Antes **vine/venía** a este quiosco cada día.

2. Ese señor **se casó/se casaba** a los 18 años.

3. Cada año en vacaciones, **dio/daba** clases particulares.

4. Anoche nosotros **comimos/comíamos** un ramen picante.

5. **Iba/fui** cada verano a Londres, pero el año pasado no **iba/fui**.

6. Cuando el profesor **terminó/terminaba** la clase, **llovió/llovía** a tope.

7. Te **llamé/llamaba,** cuando **salió/salía** la convocatoria de oposiciones.

8. Desde enero a diciembre, este barrio **estuvo/estaba** bien comunicado.

9. Cuando **llegamos/llegábamos** a Toledo, **hubo/había** muchísimos turistas.

10. Mi padre siempre me **dijo/decía** que mi abuelo **era/fue** optimista en toda su vida.

En las siguientes situaciones, escribe el tiempo correcto según la foto.

Cuando (aterrizar) _____ el avión, mi hija me (hacer) _____ una videollamada.

Cuando (llegar) _____ al metro, les (mandar) _____ un mensaje a mis amigos.

Cuando (bajarse) _____ del ascensor, (encontrarse) _____ con una compañera mía.

Cuando (cruzar) _____ el paso de peatones, los coches me (pitar) _____.

Sacar la pizza. Ser las 12 de la noche.

Llegar a casa. Saludar con alegría.

¿Cómo defenderme del acoso callejero y de los robos en España?

España es un país que posee muchos aspectos positivos y características culturales interesantes. Sin embargo, como ocurre en muchos lugares del mundo, hay otra cara del país y la cultura que no es ni tan bonita ni tan positiva y que debemos conocer si estamos pensando en viajar a España.

Acoso callejero Cat calling	Robo Pickpocket

A menudo, los coreanos se preguntan sobre **cómo actuar** si se encuentran en una situación de acoso callejero, un robo, etc., pero la pregunta está mal enfocada. Ante estas situaciones no podemos saber cómo responderíamos porque depende de muchos factores, por eso, lo que realmente necesitamos saber es **cómo cuidarnos para evitar** encontrarnos en una situación así. Es decir, lo que se dice como **"Estar prevenido"**.

En cuanto a una situación de robo, ocurre en aquellas zonas muy turísticas, ya que la gente con malas intenciones se aprovecha de que una persona extranjera no conoce bien el terreno y está despistada de sus objetos personales. Estos lugares, por lo general, suelen ser: aeropuertos, estaciones de tren y autobús, metro, restaurantes, zonas del centro de la ciudad o con atracciones turísticas entre otras.

CONTENIDOS COMUNICATIVOS   CONOCIMIENTOS LINGÜÍSTICOS   CONTENIDOS SOCIOCULTURALES

Aeropuertos

Estaciones de tren y autobús, metro

Zonas del centro de la ciudad

Restaurantes

Lo principal que debemos tener en cuenta es que España no es Corea Por lo tanto, el sistema de seguridad, de cámaras de videovigilancia e incluso la manera de actuar de la policía son diferentes, en otras palabras, hay pocas cámaras de videovigilancia, por eso, después de un robo, puede ser difícil recuperar el dinero u objeto robado y detener al culpable. A continuación, te ponemos algunos consejos para el cat calling y los robos.

1. Acoso callejero

- Mejor ignorarlo

- Responderle muy firme y seco

• Si alguien te molesta de manera continuada, llama a la policía(hoy en día, si llamamos a la policía, en seguida, llegan a donde estés).

2. Robos

• No llevar el móvil o la cartera a la vista.

• Tener el bolso siempre hacia delante cuando vayas por la calle en zonas concurridas y en el transporte público.

• Si alguien te para para preguntarte algo no tienes que agobiarte, pero vigila bien tus pertenencias.

• No llevar mucho dinero en efectivo si vas por zonas concurridas.

• Gritar "¡Socorro, ladrón!" para que la gente te ayude.

• No aparentar visualmente que eres turista.

No os preocupéis mucho y ¡prepara tu viaje!
Solo si andas por zonas turísticas o con mucha gente, siempre estate atento a tus pertenencias

Números de interés para tu estancia en España:

• 112 – Único número para emergencias de todo tipo: emergencias sanitarias, extinción de incendios, ayuda ciudadana.

• 092 – Teléfono de la Policía Local (la que actúa en zonas concretas como barrios, distritos, etc.).

• 091 – Teléfono de la Policía Nacional.

Si estás en un barrio, tienes que llamar a la policía local (092). Si luego ellos consideran que la competencia del delito es para la nacional, se encargan de pasarlo a otro grado de policía.

• 062 – Teléfono de la Guardia Civil. En caso de peligro inminente, puedes pedir auxilio a la Guardia Civil, aunque no esté dentro de sus competencias, te atenderán inmediatamente hasta que el cuerpo policial correspondiente esté en condiciones de prestarte auxilio.

Policía Local

Policía Nacional

Guardia Civil

CONTENIDOS COMUNICATIVOS · CONOCIMIENTOS LINGÜÍSTICOS · CONTENIDOS SOCIOCULTURALES

MP3
12-01

¿HAS ESTADO EN BARCELONA?

Nuria: Oye, ¿alguna vez **has estado** en Barcelona?

Domingo: Sí, **he estado** varias veces.

Nuria: ¡Qué envidia! Entonces, ¿**has ido** a la Sagrada Familia?

Domingo: Sí, la **he visitado** dos veces.

Nuria: ¿Qué tal fue?

Domingo: Había mucha gente y la catedral era maravillosa.

Nuria: ¡Yo también quiero ir! ¿**Has probado** comidas típicas catalanas?

Domingo: Sí, **hemos comido** pan tumaca, puerros asados y crema catalana.
         Te enseño las fotos de estas comidas.

Nuria: Tienen muy buena pinta.

Domingo: Sí, estaban ricas. Tienes que ir y probarlas.

Nuria: ¡Me lo apunto!

Pan tumaca	Puerros asados	Crema catalana

Lugares turísticos en Barcelona

Mercado de La Boquería

Casa Batlló

La Pedrera - Casa Milà

- Verbos en pasado (2)
- Pretérito perfecto compuesto y pluscuamperfecto

He hablado

Había Hablado

- ● **La línea temporal del pasado**

  En esta unidad vamos a ver dos tiempos compuestos del pasado: pretérito perfecto compuesto y el pretérito pluscuamperfecto. En las siguientes líneas temporales vamos a observar en qué momento se sitúa cada tiempo.

- ● **Pretérito perfecto compuesto**

  Presente

  Hace un minuto

  Esta mañana

  Ahora

  Hoy

  = **Acciones ACABADAS hace poco**

- **Pretérito pluscuamperfecto**

	Acción 1 pluscuamperfecto	Acción 2	
			Presente

Acción 1: **PRIMERA acción en pasado**

Acción 2: **segunda acción en pasado**

- **Conjugación del pretérito perfecto compuesto**

1ª persona	**he**	**hemos**	
2ª persona	**has**	**habéis**	+ habl**ado**, com**ido**, viv**ido**
3ª persona	**ha**	**han**	

- **Usos del pretérito perfecto compuesto**

Se usa para hablar de una acción que ha terminado hace poco tiempo o acciones pasadas de un periodo de tiempo no acabado. Por ello, se usa con expresiones de tiempo como: esta mañana, esta tarde, hoy, esta semana, este mes, este año, hace un momento, hace poco, últimamente, recientemente, aún, todavía, etc.

- Esta mañana **me he levantado** temprano.

- Inés **ha estudiado** todos los días de esta semana.

- Este año **ha llovido** mucho.

- A: **¿Ha empezado** la boda hace un ratito?

  B: Todavía no.

- A: ¿Qué **habéis hecho** últimamente?

  B: **Nos hemos apuntado** a unas clases de pilates.

Se usa para expresar la experiencia que has tenido en el pasado. Para este uso, se utilizan marcadores temporales referidos a frecuencia: siempre, a veces, nunca, raras veces, cada día, todos los días, casi siempre, a menudo, varias veces, alguna vez, de vez en cuando, esta semana, este mes, este verano, este invierno, etc.

- A: **¿Has probado** las gambas?

  B: Sí, las **he probado** varias veces.

- A: **¿Habéis viajado** por Nueva York alguna vez?

  B: Aún no, pero lo tengo pensado.

- A: ¿Qué tal **ha sido** hoy?

  B: **Hemos estado** en una terraza maravillosa.

- **Conjugación del pretérito pluscuamperfecto**

1ª persona	**había**	**habíamos**	
2ª persona	**habías**	**habíais**	+ habl**ado**, com**ido**, viv**ido**
3ª persona	**había**	**habían**	

- **Usos del pretérito pluscuamperfecto**

Se usa para expresar la anterioridad de una acción pasada respecto a otra acción pasada (más cercana al presente). Es decir, es el pasado del pasado.

- La clase **había empezado**, cuando **entré** a Zoom.

había empezado	entré	
		Presente

- La serie **había acabado**, cuando **llegué** a casa.

había acabado	llegué	
		Presente

- Cuando **vino** Cristina a Seúl, ¿**había aprendido** coreano ya?

había aprendido	**vino**	
		Presente

Se usa para expresar una situación anterior, pero ya se había arreglado.

- **Había visto** tu mensaje.

- **Había pisado** un chicle.

- Uy, le **había dado** mal.

He pisado un chicle. Había pisado un chicle.

Le **he dado** mal.
Le **había dado** mal.

Se usa para expresar primeras experiencias.

- Nunca **había visto** una corrida de toros.

- No **había conocido** a una persona tan borde, así como Enrique.

- Jamás **había vivido** una experiencia paranormal hasta esa noche.

Nunca **he visto** una corrida de toros.   Nunca **había visto** una corrida de toros.

Elige el verbo correcto en las siguientes oraciones.

1. Hoy hemos **hecho/hacía** torrijas de Semana Santa.

2. Cuando llegué al aula, ya **había empezado/ha empezado** la clase.

3. Esta tarde **he denunciado/denunció** un ciberacoso en un blog.

4. Ella **compraba/había comprado** lotería de Navidad y me la regaló.

5. Se había realizado/se ha realizado la entrega de su pedido hace un rato.

En las siguientes conversaciones escribe el tiempo correcto según el contexto.

Marta: ¡Qué bonito este sitio! Nunca (estar) _____ aquí antes...
    ¡Me encanta!

Daniela: Oye, Marta, ese cuadro está torcido.

Marta: Uy, es verdad, (darse cuenta) _____.

Alejandra: Chicas, tengo una cosa que cotillearos. Juan y Marina se conocieron en abril y
    en noviembre (casarse) _____.

Marta: ¡No me lo puedo creer!

Daniela: ¿Cómo te has enterado?

Alejandra: Ayer por la noche me dijo Marina que me contaría algo a mediodía, pero esta
    mañana él ya (adelantarse) _____.

"Me siento confuso y perdido"
"Tengo una empanada mental"
"Estoy en shock"

Las expresiones mencionadas se pueden usar para una misma situación. Dependiendo del tipo de contexto (formal o informal) en el que se dé la conversación o de con quién estés hablando, el uso apropiado del lenguaje coloquial en las conversaciones puede provocar risas y diversión. De esta forma se puede crear curiosidad en el hablante para mantener la atención en la conversación.

Vamos a estudiar palabras coloquiales de moda que los españoles disfrutan y podemos usar con la gente española. Así dejarás una buena impresión entre los españoles, porque les parecerá que entendemos bien la cultura española.

Las palabras coloquiales que presentamos aquí son informales, pero no son insultos, sino que son palabras que se pueden usar libremente con amigos españoles. Como estas palabras y expresiones son difíciles de tratar en una clase oficial y son importantes para comprender bien a un español, le vamos a dedicar esta sección ¡así que tomemos nota!

Ahora los españoles se sorprenderán de tu genio y tu avanzada elección de palabras.

POSTUREO

TENER UNA EMPANADA MENTAL

Postureo

El postureo es una actitud de quien hace algo por aparentar, por ejemplo, alguien que se hace fotos para subirlas en las redes sociales sin parar. Lo hace únicamente para lucirse y para quedar bien. Es decir, la motivación del acto es para dar una imagen concreta e inventada de cara a los demás.

A: ¡Espera! No comas del plato aún, que voy a hacer una foto para las redes sociales.

B: ¡Qué pesada! **Vives del postureo**.

A: Es mi manía. Tengo que mostrar qué hago.

B: Últimamente solo subes fotos **por puro postureo**.

Ser un notas

Ser un notas se dice de alguien que intenta llamar la atención, que atrae la atención de los demás con lo que hace o dice intentando ser gracioso, pero termina siendo ridículo.

A: El sombrero de Manolo es un canteo.

B: Ya, Manolo siempre quiere llamar la atención. **Es un notas**.

Canteo

Se puede usar para varias situaciones, como cuando algo está fuera de lo normal: para bien o para mal. Se utiliza cuando algo ha ido demasiado lejos o es muy escandaloso en lo negativo y en lo positivo, para expresar cuando algo es muy bueno.

Significado positivo:

A: Ana ha sacado una matrícula de honor en la carrera.

B: Buah, **¡es un canteo!**

A: ¡Me ha tocado la lotería!

B: **¡Qué canteo!**

Significado negativo:

A: Jaime ha suspendido el examen y le gritó al profesor.

B: Jaime ha ido demasiado lejos.

A: **Ha sido un canteo.**

A: Daniel es un mentiroso y un mujeriego total.

B: ¿A qué viene eso ahora?

A: Le pillé de su mentira, pero él sigue fingiendo y mintiendo más.

B: **¡Qué canteo!**

Me flipa (algo) o Flipo (con algo)

Significa 'Que algo te fascina', 'Alucinar, ofuscarse, atraer irresistiblemente'. Se puede usar cuando te sientes sorprendido por un asunto del que te has enterado. Su uso está muy extendido y se puede escuchar muchísimo en series y películas, en la calle, etc.

A: ¡Mira! Por fin ha salido un nuevo modelo del iPhone.

B: ¡Hala! **Me flipa**, estoy súper enganchado a su diseño, la verdad.

A: **Me flipa** un montón este canal de Youtube.

B: Madre mía, estás obsesionado, ¿eh?

A: Total, es que **flipo** con las cosas paranormales que enseñan.

Me mola mazo

'Me mola' significa lo mismo que 'Me gusta' pero 'Me mola' tiene un sentido más coloquial y está muy de moda, sobre todo, entre los jóvenes. 'Mazo' significa 'Mucho' y la expresión 'Me mola' suele usarse con el adverbio 'Mazo', que tiene un sentido gracioso y coloquial.

A: Me flipa este grupo de idols.

B: A mí también, **me mola mazo**.

A: ¿Sí? Entonces, ¿te apuntas al concierto?

B: Venga, me apunto.

Tener una empanada mental

Se refiere a una persona lenta o espesa mentalmente, alguien que está adormilado o que es torpe. Viene de la expresión 'Estar empachado de tanto comer' y luego se ha extendido su significado a 'Está adormilado mentalmente o Está torpe'.

A: Le han robado todo lo que tenía cuando hacía turismo por la Puerta del Sol.

B: Qué mal, tiene que estar muy triste.

A: Eso le pasa por **ir empanado** por la vida.

A: En serio, Eva no se entera de nada.

B: Ya, esta chica **tiene una empanada mental...**

A: Al final llegará tarde al plan, ya verás.

CONTENIDOS COMUNICATIVOS

CONOCIMIENTOS LINGÜÍSTICOS

CONTENIDOS SOCIOCULTURALES

Pringado

Se define coloquialmente como una persona que se deja engañar fácilmente.

A: Mierda, en la tienda, me lo vendieron por 100 euros.

B: Te tratan como a **un pringado**.

A: ¡Lo voy a denunciar!

B: No te metas con ellos, que no andan bien económicamente.

A: Yo qué sé.

Me parto (de la risa)

'Partirse de la risa' se refiere a que algo nos hace mucha gracia y nos produce mucha risa. Significan lo mismo que 'Me meo' y sería equivalente a LOL en inglés, también se puede usar sarcásticamente para algo que no es gracioso y quieres expresar algo que no te hace nada de gracia, que te ofende o que te sorprende.

- **Te vas a partir de risa**, cuando veas esta foto.

- Mis amigos **se parten con** sus chistes.

Significado sarcástico

A: Ana me dijo que venía al concierto, he pagado la entrada y ahora no quiere venir.

B: **Me parto...** ¿Por qué?

A: Me ha dado una excusa, pero no lo creo.

Ir pedo

Significa coloquialmente emborracharse, ir borracho. También se puede expresar como 'Ir ciego'.

- Ahora **voy pedo**, bebí mogollón.
- Anoche **íbamos pedo** y no nos acordamos de nada.
- Tengo mazo de resaca porque ayer **iba ciego**.

Tener morro

Alguien que es un sinvergüenza. Se comporta de forma inmoral o habla sin respeto y, que no tiene en cuenta a los demás cuando hace las cosas.

A: Daniel le envió un mensaje a mi amiga después de que dejáramos de hablar.
B: ¡Guau! **¡Qué morro tiene!** ¿Qué le escribió a tu amiga?
A: Para felicitarle el Año Nuevo. Mi amiga me lo dijo.
B: ¡Qué canteo!

También se usa cuando alguien tiene un compromiso, pero no le da la gana o le da pereza quedar y te avisa de que le ha surgido un asunto urgente en el trabajo o dice que está enfermo justo antes de la hora de quedada.

A: Dice Marisol que está enferma y no ha venido a la reunión, pero está ahí, mira.
B: Ya.. tomando una caña con sus amigos pfuaa..
A: **Tiene mucho morro.**

Por otro lado, tiene otro sentido 'Tener envidia': Laura se va de vacaciones a Hawaii, **¡qué morro!**

스페인 사람들의 성향

**스페인 사람들은 어떨까?
우리가 그들에게서 가지는 그 이미지가 맞을까?**

스페인 사람들은 **열정적이고 자부심이 높다.**
스페인 대부분의 사람들은 자신이 스페인 사람이라는 것을 자랑스럽게 느낀다. 이는 그들의 국가에 대한 긍지라기보다는 자신이 발 딛고 있는 지역에 대해 가지는 자부심으로, 그들의 도시, 가족, 음식, 그 사람이 자란 동네, 친구들, 전통과 관습 등에 대해 큰 만족감을 느낀다. "스페인에서 사는 것처럼, 어떤 곳에서도 그렇게 살지 않는다(스페인이 최고다)"라는 표현처럼, 그들은 자신이 속한 지역이 가진 모든 것에 열정적이고 자부심을 가진다.

스페인 사람들은 **경쾌하고 개방적이다.**
보고된 연구에 의하면, 스페인 사람들은 자신의 삶에 가장 만족하는 유럽인이라고 한다. 그들은 밝고, 친절하고, 다정하며, 잘 웃는 편인데 이러한 면들이 상대를 환대하고 잘 대접하는 요소가 된다. 스페인의 모습은 참 자유로운데, 구체적으로 살펴보면, 이들은 결혼, 가족 계획, 취업, 주거지 변경 등의 개인적 사안을 선택하는 데 있어 사회적인 압박을 느끼지 않는다. 즉, 스페인 사람들은 다른 사람의 눈치를 크게 보지 않고 자신의 삶을 즐겁게 살아 간다.

스페인 사람들은 **표현이 많고 사교적이다.**
스페인 사람들은 잘 웃고 얼굴 표정이 다채로워, 말로 표현하지 않아도 서로 소통이 가능할 것처럼 느껴진다. 스페인 사람들의 대화는 손과 표정 등 많은 제스처를 기본으로 하는데, 이는 잘 모르는 사람일지라도 대화에 참여한 사람으로 하여금 잘 수용되는 느낌을 준다. 그래서 스페인 사람과 쉽게 친구가 될 수 있는데, 스페인 사람들이 다른 이들과 관계를 맺는 방식이 개방적이고 자신의 그룹에 소속되게끔 만들어 주기 때문이다.

스페인 사람들은 **직선적이지만 항상 그렇진 않다.**
스페인 사람들은 직선적(돌려 말하지 않음)이고 자신이 느끼는 것을 표현하곤 한다. 하지만 솔직할 수 없거나 뭔가를 거절해야 하는 상황에 따라서 간접적으로 말할 때도 있다. 스페인의 유명한 표현인, "언제 한 번 보자"는 인사치레의 말로 '인위적인 다정함'에 해당된다. 이 표현은 상대에게 무뚝뚝하거나 퉁명스럽게 보이지 않고 언젠가는 만날 가능성을 두지만, 이 만남은 절대 성사되지 않음을 전제한다. 만약 스페인 사람이 누군가와의 약속을 거절하고 싶다면, "나는 너와 만나기 싫어"라고 직접적으로 거절하기보다는, "너를 알게 되어서 참 좋아, 우리 언제 한 번 보자"라고 돌려 말할 것이다.

스페인 사람들의 **가족에 대한 사랑.**
스페인 사람에게 "삶에서 가장 중요한 것이 무엇이냐"고 물어보면, 거의 대부분 '자신의 가족'이라고 대답할 것이다. 그들에게 '가족에 대한 우선순위와 존중'은 아주 중요한 근간이자 그들의 문화이다. 예를 들어, 그들은 주말, 쉬는 날, 크리스마스, 연말, 연초 등에는 가족들과 함께 시간을 보내곤 한다. 가족들이 만나면, 상대가 불편하거나 그 사람에게 불쾌한 감정

을 줄 것 같은 질문은 하지 않는데 이는 개인의 자유를 존중하기 때문이다. 그리고 모든 부모가 자신의 자녀들이 좋은 성적, 좋은 직장, 그들을 아끼는 동반자 등을 가진 성공적인 삶을 살기를 바라지만, 자녀들에게 그것이 유일한 목표가 되도록 하지 않기 위해 눈치나 스트레스를 주지 않는다. 이것이 가족들 사이에 가지는 존중과 자유이고 스페인 사람들은 자신의 리듬과 자신의 결정에 따라 살아간다.

스페인 사람들은 **영어를 잘하진 못한다.**
한국 사람들은 학창 시절 내내 영어를 공부하고 영어를 잘하기 위해서 애쓴다. 하지만 영어를 말할 때 부끄러워하고 자신감 없는 듯 소심해지는데, 스페인 사람들도 한국인들과 비슷한 모습을 보인다. 스페인에서도 한국처럼 영어를 잘하고 실력을 늘리기 위해 다양한 학습법이 언급되지만, 그들의 영어는 타 유럽에 비해 조금 아쉽고, 특히 발음에서는 더욱 그러하다.

스페인에서의 일반적인 관습과 대우

**스페인은 사람들과 어떻게 관계를 맺고
어떤 관습을 가지고 있을까?**

도스 베소스
가족과의 도스 베소스
친구들과 도스 베소스

도스 베소스(두 번의 양쪽 볼 맞춤)

스페인에서 어떤 사람이 다가와 '도스 베소스(두 번의 양쪽 볼 맞춤)'를 한다 해도 깜짝 놀라 멈칫하지 말자, 이는 스페인의 일상적인 인사이다. 도스 베소스는 친근하고 열린 스페인 문화의 반영으로 이런 관습은 성별에 따라 여러 양상으로 나뉜다. 한 남자가 다른 남자에게 인사하는 경우 악수로 인사하고, 남자 두 명이 도스 베소스로 인사한다면 이는 아주 친하거나 가족 구성원인 경우이다. 여자들은 남성 또는 여성 모두에게 도스 베소스로 인사하며, 이는 상대와의 친분이나 친밀도와 상관없이 스페인에서 사용하는 표준 인사이다.

소브레 메사

스페인에는 흥미로운 문화가 하나 있는데, 이는 아주 보편화된 그들의 관습으로 '식사 시간 이후의 시간'인 '소브레 메사'이다. 스페인 사람들은 식사를 마친 후에 바로 정리하고 자리를 뜨는 것이 아니라, 몇 시간에 걸쳐 회사 동료나 친구들과 함께 대화를 나누며 느긋하게 시간을 보내는데 이를 식사 후의 시간, '소브레 메사'라고 한다. 이 때 식사를 마치고 디저트를 먹고, 이후 커피를 마시는 것이 아주 전형적인 순서이다. 만약 스페인 사람들과 식사할 때, 식사를 빨리 마치고 뒷정리를 하고 자리를 뜨고 싶은 뉘앙스를 보여준다면, 스페인에서는 예의가 없거나 함께 식사를 하는 상대방을 불편하게 만드는 것이 된다.

직장에서의 사회적 거리와 사교성
일반적으로 직장인들은 회사에서 열려 있는 마음으로 일하고 사교적이다.

그럼에도 불구하고 스페인 직장인들은 자신의 동료와 일정의 거리는 유지하곤 한다. 예를 들어, 회사 동료나 상사와 사이가 좋다 해도, 친구처럼 주말에 문자를 보내거나 연락하진 않는다. 또한 부서별 회식은 일상적인 일이 아니며, 한번쯤 친한 동료와 함께 식사를 할 수도 있지만 한국처럼 동료들과 퇴근 후 식사 약속은 보편적인 일은 아니다. 스페인에서는 회식이라는 문화는 없고, 다만 크리스마스에 전체 회사 직원들과 함께 점심이나 저녁을 먹는다.

크게 말하기(목소리가 큼)

지중해 문화를 가진 사람들은 크게 말하는 편이다. 스페인 사람들의 경우 명령조로 빠르게 말하는데 그렇다고 해서, 우월감이나 화 또는 분노를 표현하는 건 아니다. 이때, 여러 손 동작 사용과 대화 시 가까운 신체적 거리감, 다양한 얼굴 표정과 같은 피지컬 표현이 추가된다. 지하철이나 바(bar) 그리고 직장에서도 이렇게 크게 말하는 사람들의 그룹을 발견할 수 있는데, 이는 지극히 일상적인 모습이다. 한국인에게는 다소 낯설고 언쟁 중인 것처럼 생각될 수도 있지만, 이러한 모습은 스페인 사람들의 대화에 있어 특징적인, 그들의 한 부분(활발하고 사교적인)이다.

사람은 많을수록 좋다

스페인어 표현 중 "사람은 많을수록 좋다"라는 말이 있는데, 이것은 쉽게 확인되는 실제 모습이다. 스페인에는 여가 모임에 사람이 많을수록, 아는 사람 또는 가까운 친구와 함께라면 더욱 즐겁다는 철학이 있다. 한국인들의 관점으로는 "혼자 있을 줄 모른다"라고 말할 수 있겠지만, 이는 외로움과 관련된 것이 아닌, 많은 사람들과 함께하는 것을 즐기는 것이라고 볼 수 있다.

UNIDAD 3

스페인의 국립대와 사립대

스페인에서 가장 좋은 대학은 어디일까?
어떻게 그 명성을 측정할까?

스페인에서는 좋은 대학에 대한 기준을 국립대인지 또는 사립대인지에 의해 간주한다. 일반적으로 국립대가 사립대에 비해 더 나은 명성을 가지고 있기 때문이다.

국립대의 경우 기본적인 입학 요건은 EBAU(대학 입학을 위한 바칼로레아 평가 시험)라고 하는 시험과 이 시험의 결과인 컷오프 점수가 필요하다. 이 시험 점수는 원하는 대학과 학과 입학을 위한 필터 역할을 한다. 또한, 국립대는 국가에서 재정적 지원을 보조하므로 등록금이 저렴해 많은 사람들이 국립대에 지원한다. 반면에 사립대는 컷오프 점수가 요구되지 않고 등록금이 비싼 편이다.

당신이 몰랐을 수도 있는 스페인 대학의 특징들

1. 학기는 9월에 시작하고, 5월 또는 6월에 마친다. 여름 방학 기간은 3개월(한 번에 모든 과목을 통과할 경우)정도 된다. 게다가, 크리스마스 방학 기간(겨울방학으로 간주)이 대략 2-3주가 되는데, 이는 스페인 대학들이 1월 6일(동방 박사의 날)까지 크리스마스 축제 기간으로 정하기 때문이다.

2. 스페인 대학은 학생 회장과 부회장이 있는 학생회 그리고 대학 스포츠 동아리(축구, 농구 등)가 존재하긴 하지만, 대부분의 대학생들은 대학을 중•고등학교 개념으로 생각한다. 그들은 수업을 들으러 학교에 가지만 대학 활동에 참여하지 않는 편이다. 스페인 대학생들은 학생을 대표하는 책임감을 가진 이들만 학생들의 권리를 위해 투쟁하지만 이러한 학생의 수는 적은 편이다.

3. 대학에서 식사를 해야 하는 경우, 도시락을 준비한 학생들을 쉽게 보게 될 것이다(집에서 음식을 싸오는 경우). 한국과는 다르게, 스페인은 집밥을 회사나 대학교 등으로 가져가는 것이 하나의 문화다. 어떤 사람들은 이렇게 하며 돈을 아끼고, 또 다른 사람들은 집밥 먹기를 선호하기 때문이다. 그러나 아침 식사 시간은 대학의 학생 식당에서 동료나 교수님들과 함께 아침을 먹는 사교적인 시간으로 여긴다.

4. 스페인 대학생들 사이에서 휴학은 대중적이지 않고 학업을 시작했으면, 한 번에 학업을 마친다. 물론 경제적인 문제나 개인사로 예외적인 경우가 있을 수 있지만, 스페인은 장학금 제도(필수 요건을 충족하면, 4년간 등록금과 별도의 교통비를 받음)가 잘 되어 있어, 한 번에 마치는 것이 충분히 가능하다.

5. 스페인 대학생들은 그들이 치른 시험에 대해 검토(시험지 결과 확인)를 요구할 권리가 있다. 교수님이 점수를 공개하면, 학생은 그 시험을 교수님과 함께 재검토하고 자신의 실수를 확인하고, 더 나은 점수를 위한 조언을 구하기 위해 검토를 신청할 수 있다. 검토 시간 이후 만약 학생의 주장이 합당하면, 교수님은 점수를 올리기도 한다.

추신
스페인에서 가장 취업이 잘되는 10개 학과(2021년 자료). 다시 말해, 가장 높은 컷오프 점수(notas de corte)를 요구하는 학과들:

경영 및 기업 관리학
간호학
의학 및 생물의학
산업 공학
직업 윤리(일, 노동, 복지, 인사 등에 관한)
기업 경영학 및 법학
정보공학과
무역 및 마케팅학
교육학
법학

UNIDAD 4

스페인의 수능(수학능력평가시험)

스페인에서 대학입학시험(수능)은 어떻게 진행될까?

셀렉티비닷(selectividad)은 대학 입학을 위한 시험을 말한다. 자신이 가고 싶은 국립 대학을 준비하는 모든 학생들이 의무로 치르는 필기(논술식) 시험으로 한국의 수능과 같은 개념의 대학 입시 시험이다. 이 시험을 치르기 위해서 학생들은 '바칼로레아'라고 불리는 준비 과정 2년을 이수해야 한다.

한국의 수능은 객관식인 단답형 문항으로 정답을 답안지(OMR)의 답란에 표기하는 방식이지만, 스페인의 수능은 아래의 그림처럼, 긴 텍스트를 읽고 자신의 논리를 발전시켜 이를 뒷받침하는 근거를 명확히 서술하는 논술 방식으로 다양한 과목의 시험이 4일 동안 진행된다.

1. 시험 과목

필수 과목

· 스페인어 및 문학
· 스페인 역사
· 제2외국어: 영어, 프랑스어, 이탈리아어 또는 독일어
· 바칼로레아 과정의 선택 과목(한국 개념으로 문과/이과)
· 공동 공식 언어 및 문학(갈리시아, 카탈루냐, 바스크 주 해당)

선택 과목

이 파트에서 학생들은 성적을 올릴 수 있는 기회를 가진다. 학생은 컷오프 점수에 대한 평균 점수를 향상시킬 수 있는 과목을 선정하는데, 생물학, 지질학, 물리학, 화학, 그리스어, 테크니컬 드로잉, 공연 예술 등 다양한 과목 중에서 선택할 수 있다. 선택한 과목의 종류는 또한 자신이 공부한 바칼로레아의 양식에 따라 달라진다.

2. 자치주에 따른 다른 시험

스페인의 수능 시험은 스페인의 17개의 주에 따라 시험지가 다르다. 즉, 한국처럼 모든 한국인이 같은 시험을 보는 것이 아니라 각 스페인 자치주는 고유 시험을 제작하는데, 예를 들어, 안달루시아 주에서 제작된 시험이 있고, 마드리드 주에서 또 다른 유형의 시험이 구성된다. 이러한 이유로, 학생들 사이에서 불만이 많은데 이는 어떤 주는 다른 주보다 쉽게 출제되곤 하기 때문이다.

3. 시험 일정

6월 또는 9월에 두 차례의 모집 공고가 있고 시험은 4일에 걸쳐서 진행된다. 첫 번째 공고는 6월이고, 만약 이때 탈락(점수 미달)하거나 또한 탈락하지 않았더라도 6월의 시험보다 나은 점수를 받고 싶다면, 다시 9월에 시험을 치를 수 있다.

4. 컷오프 점수 산출

컷오프 결과는 대학에 입학하기 위한 필수적인 점수이다. 이 점수는 대학의 학과에 따라 높거나 낮기도 한데, 수능 점수 40%와 바칼로레아에서 획득한 점수 60%를 합한 평균 점수로 획득된다.

5. 검토 및 재수정

학생들은 '이의 신청' 또는 시험에 대한 '재교정'을 위한 3일의 시간이 있다. 이의 신청은 다른 선생님(자신의 시험지를 채점한 선생님이 아닌)이 시험지를 전반적으로 확인하고, 시험 재교정은 신청서를 제출하면 이후 공식 기관을 통해서 절차가 진행된다. 이때 이의 신청 때의 선생님과는 또 다른 선생님으로 재교정 전문 선생님이 시험을 점검하고, 재교정의 결과에 따라서 점수가 낮아지거나 높아지는 일이 생기기도 한다.

UNIDAD 5

보떼욘(botellón)이 뭔지 아니?

보떼욘!

보떼욘이 뭐지?

보떼욘은 스페인 젊은이들(대부분 만 16~25살) 사이에 널리 퍼져 있는 여가 또는 놀이의 한 형태로, 넓은 공터에서 술을 마시는 것을 말한다. 현재 스페인에서는 보떼욘이 금지되긴 했으나, 몇몇 도시에는 이러한 젊은이들의 놀이를 위한 공간이 정해져 있기도 한다. 스페인 거리에서 술을 마시는 것이 범죄이기 때문에, 오늘날의 보떼욘은 해변, 공원이나 대중의 시야에서 조금 떨어진 장소에서 이뤄지곤 한다.

보떼욘의 두 얼굴
긍정적 측면

1. 경제적

학생들은 경제적으로 술과 파티에 많은 돈을 소비할 수 없는 조건이므로 스페인 대학생들은 마트나 슈퍼에서 술을 사고(훨씬 저렴하니까) 친구들과 함께 넓은 공간에서 많은 사람들과 함께 어울려서(사람이 많으면, 더욱 즐거우니까) 술을 마시곤 한다. 또한 클럽이나 콘서트장 안에서는 음료가 비싸고, 밖에서는 저렴하게 마실 수 있으므로 클럽이나 콘서트를 가기 전에 보떼욘을 즐기곤 한다.

2. 사회적 관계망 늘리기

스페인 젊은이들에게 보떼욘은 친구들을 사귀고 그들의 젊음을 즐기기 위한 하나의 수단이자 방법이다. 그들은 보떼욘을 통해서 타인과 관계를 맺고 사회에 섞이고 통합되는 사회적 필요성을 느끼기 때문이다.

부정적 측면

보떼욘은 이를 즐기는 젊은이들에겐 일종의 파티이자 즐거움의 시간이지만, 다른 이들에게 이러한 놀이는 사회 문젯거리가 되기도 한다: 보떼욘 놀이가 벌어지는 지역 주변의 주민들은 조용히 쉬는 것이 어렵고, 보떼욘 쓰레기를 수거하지 않아 거리와 해변이 쓰레기로 가득해진다. 게다가 지나친 음주로 인해 과격한 몸싸움과 같은 문제가 발생하기도 한다.

현재 보떼욘은 금지되어 있지만 스페인 젊은이들 사이에서는 굉장히 넓게 퍼진 놀이의 한 형태이다. 스페인 정부가 금지를 시도하긴 했으나, 보떼욘이라는 현상은 스페인 젊은이들 사이에서 뺄 수 없는 필수적인 기본 문화이다.

축구와 분수대?

**왜 축구 선수들과 그들의 팬은 분수대에서 우승 파티를 할까?
승리를 축하하기 위해 이러한 장소를 선택한 이유를 알아보자**

레알 마드리드 & Cibeles 분수대

시벨레스 분수와 레알 마드리드 축구팀의 경우, 특별한 이유는 없다. 아틀레티코 마드리드의 팬이 팀의 승리를 축하하기 위해 이 분수대에 갔고, 이후 점차 레알 마드리드 팬들이 이를 따라 하며 레알 마드리드 팀의 승리를 축하하기 위해 이 분수대에 간 것이 그 시작점이 되었다. 시간이 지나 레알 마드리드는 점점 더 많은 상과 우승컵을 가지게 되고, 아틀레티코 마드리드의 축하 행사보다 더 많아지자, 시벨레스 여신 분수는 레알 마드리드 팀 소속으로 자리잡아갔다. 이후, 아틀레티코 마드리드 팬들은 마드리드의 넵투노 분수를 축하 장소로 선택 했다.

바르샤 & Canaletas 분수대

바르샤의 경우 카날레타스 분수대에서 그들의 우승을 축하하는 이유를 살펴보려면, 1930년대로 거슬러 가야 한다. 이 시기에, 이 분수대 앞에 '라 람블라'라는 스포츠 신문 편집국이 있었는데, 당시에는 텔레비전이나 라디오와 같은 기술을 사용하지 않았던 때라, 팬들은 카날레타스 분수대 앞 스포츠 신문 편집국 밖에 걸어둔 칠판에 경기 결과를 보기 위해 그곳으로 가곤 했다. 이후, 바르샤가 승리하는 날엔, 그들의 팬들은 바로 그 자리에서 축하 행사를 하곤 한다.

스페인의 각 축구팀은(특히 가장 많은 게임이나 대회에서 승리한 팀) 그들의 팬들이 자신들이 좋아하는 팀의 승리의 기쁨을 축하하기 위해서 관련된 분수대를 가지는 흥미로운 점이 있다.

흥미로운 점

1. 아주 방대한 양의 테마 때문에, 공시생들은 시험 날짜를 알기 훨씬 전부터 공부를 시작한다. 한가지 놀라운 점은, 자신이 공무원 시험을 준비하기로 결정했다 해도, 언제 시험을 보는지 알지 못한다. 매년 정확한 시험 일정이 정해져 있지 않고, 2년 또는 더 늦게 일정이 나오는 공무원 시험도 있다.

2. 공직 고용에는 A1, A2, B, C1, C2 단계별 등급이 있고 각각의 등급은 다른 조건을 요구한다. 학력(고등학교, 바칼로레아, 대학 등), 경력(사전 공직 기관 근무 경험 등), 각각의 등급은 더 높은 업무적 책임감을 필요로 한다(A 등급이 가장 높은 직급이며, C 등급이 가장 낮음).

3. 공시생들은 첫 번째 단계(필기시험)를 통과하면 두 번째 단계를 준비하는데, 이때 면접이 진행되고 개인이 지원한 영역에 따라서 두 번째 단계의 유형이 달라진다. 초·중·고등학교 선생님의 경우, 면접자가 제시하는 주제에 대해서 발표하고, 경찰의 경우 신체 검사 그리고 판사의 경우 별도 구두 시험이 진행된다.

4. 어떤 공무원(국가직 상위 직급이나 판사들처럼 높은 등급의 경우) 시험의 경우 72개의 테마를 가지기도 한다. 최근 들어, 스페인의 높은 실직율과 함께 안정적이고 고정된 직업이라는 점에서 공시생이 급격히 늘어나 스페인은 현재 유럽에서 공무원 시험을 가장 많이 준비하는 나라가 되었다.

5. 한국에서의 공무원에 대한 이미지는 모범적이고 책임감 있는 모습일 것이다. 반면 스페인에서는 공무원을 안정되고 고정된 직장으로 생각하며 행정직 공무원(Administración del Estado)에 대해서는 게으르고, 지각을 일삼고, 아침 식사를 핑계로 오랜 시간 쉰다는 편견이 있다.

우리는 공시생

**"공무원 시험 준비하고 있어"
"나는 공시생이야"
"공시 준비하고 있어"**

스페인의 공무원 시험은 어떨까?

공무원 시험은 스페인의 병원, 각종 부처, 학교, 경찰, 변호사, 판사 등 공공 부문의 직업을 갖기 위해 실시되는 하나의 선출 시험이다.

어떻게 구성되어 있을까?

공무원 시험의 일반적인 규정에 의해서, 이 과정은 지원자가 해당 직책에 담당할 수 있는 능력을 평가하는 데 사용되는 하나 또는 여러 평가와 세부 시험을 통해 구성된다. 획득한 점수에 따라 기관과 도시를 선택할 수 있는 우선 순위가 설정된다.

스페인의 시에스타?

시에스타?

'시에스타'라는 단어는 스페인 문화를 아주 잘 표현한다. 스페인 사람들은 열심히 일하지만, 자신의 건강을 돌보며 일상 생활에서 더 나은 성과를 내기 위해 항상 잠시 쉬는 시간을 가지려 한다.

그렇다면, 시에스타가 뭘까?

시에스타는 하루의 나머지 시간을 위해 에너지를 회복하기 위한 목적으로 점심 식사 후 몇 분간 쉬는 하나의 관습이다.

시에스타의 기원은 이탈리아에서 왔는데, 로마 제국시대 때 "siesta"는 하루 중 가장 더운 시간인 6시를 의미하는 라틴어 "sexta"에서 유래한 것으로, 로마인들은 이때 휴식을 취했다고 한다. 하지만 오늘날 시에스타 문화는 스페인이 타 유럽 국가 중에서 가장 유명하다.

실제 시에스타 시간을 말할 때, 보통 오후 15시에서 17시 정도로 본다. 하지만 이 시간의 짧은 낮잠은 근무 시간이나 수업 일정으로 여의치 않은 상황이므로, 보통 주말이나 휴일에, 또는 학생들이 시에스타를 가지는 것이 일반적이다. 몇몇의 직장인들(공무원, 은행원 등)의 경우, 점심 시간인 3시경 업무를 마치기 때문에 퇴근해서 집에서 식사를 하고 편안하게 시에스타를 가질 수 있다.

이제 스페인 사람이 어떻게 시에스타를 하는지 살펴보자.
직장에서 시에스타를 하기 위한 두 가지 요건:

1. 혼자 있을 수 있는 조용한 공간 찾기
2. 조용히 낮잠 자기
20~30분 정도 낮잠을 자고 나면, 충전된 에너지로 남아 있는 업무를 다시 시작할 수 있다. 스페인 공공장소에서 휴식과 관련된 이슈 거리가 있었는데, 마드리드에 파일럿 '캡슐'을 설치하여, 시민들이 공공 장소에서 낮잠을 잘 수 있도록 환경을 조성한 것이다. 꼭 직장이나 집에서뿐만 아니라 공공 장소에서도 낮잠을 잘 수 있게 한 것으로, 스페인에서는 도서관이나 대중교통에서 자는 사람이 없기 때문에 이는 상당히 놀라운 변화였다. 또한 Google과 같은 일부 회사에서도 직원 전용 휴식 공간을 마련하고 있다.

"스페인에서 점심 이후 시에스타 해?"
"에이, 무슨 소리야. 시에스타는 옛날 얘기지. 이젠 안 해"

"어머!, 시에스타는 옛날 관습이야"
"오늘날 삶이 얼마나 바쁜데... 이젠 안 해"

외국인들은 현재 시에스타를 이렇게 이해하고 있다.
하지만, 실제로 시에스타는 스페인의 일상으로 자리잡고 있다.

> **주의!**
> 시에스타는 짧은 몇 분 동안의 수면으로 에너지를 충전하고자 하는 휴식이다. 그렇다고 졸려서 지하철이나 도서관, 카페, 지하철에서 잠드는 것이 스페인에서 일상적인 것은 아니다. 따라서 만약 도서관에서 잠들어 있으면, 도서관 보안 요원이 다가와 자리를 비워달라고 할 것이다.

UNIDAD 9

타파스: ¡Tapeo & terraceo!

한 잔 할까? 뭐 요기할까?

좋은 분위기의 야외 테라스는 항상 우리의 눈길을 끌고 우리는 그곳에서 친구들과 함께 맛있는 음식을 먹고 싶어진다, "이게 삶이지"라고 생각하면서 말이다. 스페인에서 종종 말하곤 하는, 그야말로 "스페인에서는 잘 먹고 잘 산다(좋은 사람들과 함께 맛있는 음식을 먹으며 잘 살아간다는 의미)".

왜 스페인의 야외 테라스 카페는 특유의 매력을 담겨 있는 걸까?

첫 번째! 좋은 날씨를 즐긴다
스페인의 좋은 날씨와 햇살은 거리에서 더 많은 시간을 누리도록 우리를 초대한다. 이러한 이유로 테라세오(친구들과 함께 바의 테라스나 카페에서 맥주나 커피를 마시러 가는 것)는 스페인에서 아주 전형적인 일이다. 날씨가 좋으면, 스페인 사람들은 테라스에 앉는 것을 굉장히 좋아하고, 그곳에서 먹고 마시며 이야기하고 웃으며 시간을 보낸다.

두 번째! 소비 가능한 가격
테라세오와 타페오(타파스 먹으러 가기)의 두 번째 장점은 가격이다. 테라세오나 타페오에 지출되는 비용을 한국에서와 비교했을 때 스페인에서의 경우가 아주 경제적이다. 풀코스 정식과 같은 제대로 갖춘 음식이 아니라 간단히 음료나 주류와 함께 요기할 수 있는 음식들이라 스페인의 테라스는 상식적이고 공정한 가격을 제시한다. 개인이 가진 지출 가능 금액에 따라 다르지만, 주에 2~3번 정도는, 돈 걱정 없이 맥주 한 잔을 즐기는 편이다.

세 번째! 핵심: 스페인 음식
스페인 음식은 아주 맛있다. 스페인에서 시식해 볼 모든 타파스를 여러분이 좋아할 것이라 확신한다. 왜 스페인 음식은 맛있을까? 왜냐하면 스페인은 '지중해 식단'이 유명한데, 그들의 좋은 날씨 덕분에 잘 재배된 과일, 야채 그리고 올리브유가 맛있기 때문이다. 또한 스페인의 요리 세계는 아주 잘 발달되어 있으며 스페인 사람들은 맛나고 좋은 음식을 즐기기에 꼭 화려하고 값비싼 식당이 아닌 일반 바에서도 좋은 음식을 맛볼 수 있다.

자 이제 여러분, 스페인에서 Tapas 먹으러 갈 준비 됐나요?

UNIDAD 10

스페인의 대표 음식들

스페인 음식을 생각하면 제일 먼저 뭐가 떠오르나요?

빠에야??
감바스??
빠에야와 감바스는 스페인 음식이 맞긴 하지만 외국인들이 떠올리는 음식이다. 반면 스페인 요리법은 잘 알려진 지중해 식단 덕분에 아주 다양한 음식들이 있다. 나중에 어떤 음식도 놓치지 않고 스페인 음식을 맛보기 위해, 스페인 사람들 사이에서 가장 유명한 몇 가지 음식을 살펴보자.

타파스?
타파스는 스페인 음식처럼 아주 유명하지만, 이것은 요리나 음식의 이름이 아니라 음식을 나타내는 하나의 방식이다. 타파스는 여러 사람이서 간단히 요기의 목적으로 적은 양의 음식을 담은 하나의 그릇을 말하는데, 예를 들어, 한국인들에게 아주 유명한 '감바스'가 바로 타파스의 한 종류이다.

이제 스페인에 간다면 반드시 먹어봐야 할
5가지 전형적인 스페인 음식을 살펴보자

Jamón

하몬은 스페인 요리에 속한 진미 중 하나로 세계적으로도 알려진 유명한 음식이다. 하몬은 스페인과 해외에서도 자주 사용되는 재료로, 하몬 세라노의 경우 모든 스페인 음식에 들어가는 기본 재료이기도 하다. 한 가지 팁으로, 스페인에서 먹는 하몬의 맛과 한국에서의 맛이 약간 다른데 이는 습도와 온도 때문이다. 따라서, 하몬을 한국에서 먹으면 스페인의 맛보다는 조금 떨어질 수 있다.

Cocido

실제로 꼬시도는 외국인들에게 생소한 음식이지만, 스페인의 아주 전형적인 음식 중 하나이다. 이 음식은 두 가지 요리로 구성된다. 첫째, 국은 항상 먼저 먹고, 두 번째로 다양한 종류의 고기류와 병아리콩, 초리소, 감자, 당근이 들어간 요리를 먹는다. 이 음식은 국물에 같이 넣어 함께 먹는 사람들도 있고, 따로 두 요리로 나누어 먹는 사람도 있다.

Tortilla de patatas

최고의 맛!! 계란이 살짝 흐르는 정도와 바짝 익히는 것 중 어느 것이 더 맛있는지에 대한 논쟁이 있다. 하지만 어떤 형태건 모든 사람들이 좋아한다. 만들기가 쉬워서 조리법을 찾아 집에서 만들 수도 있다.

Pisto manchego

한국에서 좋아하는 건강하고 몸에 좋은 지중해 음식이다. 다양한 야채와 토마토 소스로 요리해 익힌 계란을 올려 먹는다.

Salmorejo y Gazpacho

이 두 가지는 여름에 가장 유명한 음식이다. 재료들이 신선하고 몸에 이로운 것들이라 다이어트에 좋은 음식들이다. 마트에서 만들어진 것을 사는 것보다는 직접 고유 재료를 사서 집에서 만든다면 훨씬 더 맛있다.

UNIDAD 11

스페인 시내의 치안

스페인에서 소매치기와 캣 콜링을 당하면 어떻게 대처하죠?

스페인은 긍정적인 측면과 흥미로운 문화 요소를 많이 가진 나라이다. 그럼에도 세계 어느 곳에서나 존재하듯, 그 나라의 좋지도 긍정적이지도 않은 또 다른 얼굴과 문화를 마주하게 된다. 스페인 여행을 생각한다면 우리가 알고 가야 하는 부분을 살펴보자.

한국인들은 캣 콜링이나 소매치기 등과 같은 상황을 마주한다면 어떻게 행동해야 할지 묻곤 한다. 하지만 이 질문은 초점이 잘못 맞춰져 있다. 이러한 상황 앞에 놓인다면 여러 변수가 함께 작용하므로 적절한 대답을 하기가 어렵다. 그래서 실제로 우리가 알아야 하는 것은 이러한 상황을 피하기 위해 우리는 무엇을 주의해야 할까이다. 다시 말해, 흔히 말하는 "예방하기"이다.

소매치기 상황의 경우, 주로 관광지에서 발생하는데, 이는 나쁜 의도를 가진 사람들은 현지를 잘 모르는 외국인 그리고 개인 용품을 잘 챙기지 않고 산만한 사람들을 타겟으로 정하기 때문이다. 일반적으로 이러한 장소는 공항, 기차역이나 버스 터미널, 지하철, 식당, 도시의 시내 또는 관광객이 많이 찾는 곳이다.

가장 먼저 우리가 인지해야 할 것은 스페인은 한국과 다르다는 것이다 그러므로 치안 시스템, cctv 카메라 그리고 경찰들의 대처 방식 등도 다르다. 다시 말해서 보안 카메라의 수는 적어 물건이 없어진 후에는 훔쳐간 돈이나 물건을 되찾기 힘들고, 도둑을 잡는 것도 어렵다. 계속해서 캣 콜링과 소매치기에 대한 몇 가지 조언은 다음과 같다.

1. 캣 콜링

- 무시하고 그냥 지나쳐 가기
- 단호하고 건조하게 대답하기
- 만약 누군가가 지속적으로 당신을 불편하게 한다면, 경찰에게 전화하자 (요즘 경찰은 전화하면 바로 당신이 있는 곳으로 출동한다).

2. 소매치기

- 핸드폰과 지갑을 눈에 띄게 휴대하지 않기
- 사람들이 붐비는 곳이나 대중교통을 이용할 때는 가방을 항상 앞쪽으로 메기
- 누군가가 당신에게 질문을 하려고 멈춘다면, 당황하지 말고 소지품 잘 챙기기
- 사람들이 많은 곳을 갈 때는 현금을 많이 가져가지 않기
- 사람들이 도울 수 있도록, "¡Socorro, ladrón!"이라고 소리치기
- 당신이 관광객이라고 시각적으로 티 내지 않기

너무 걱정할 것 없이 그냥 여행을 준비하자!
다만 관광지나 사람이 많은 곳을 다닐 때는 항상
개인 소지품에 신경을 쓰면 된다.

긴급상황 시 전화번호:
- 112 - 모든 종류의 응급 상황에 대비한 단일 번호: 의료 응급 상황, 화재, 시민 지원
- 092 - 지역경찰(지역구나 동네와 같은 지역에서 발생하는 사안 관리)
- 911 - 국가경찰(지역 경찰보다 계급이 높고 더 큰 사안 관리)

만약, 어떤 동네에서 일이 발생했다면, 지역경찰(092)에 전화하면 된다. 그리고 범죄 관할이 국가경찰에 해당된다고 판단되면, 그들이 직접 다른 계급의 담당 경찰에게 전달할 것이다.

- 062 - 스페인 헌병군 번호. 급박한 위험이 있는 경우 스페인 헌병군에 도움을 요청할 수 있다. 그들의 담당 업무가 아니더라도 해당 경찰이 도움을 제공할 수 있는 위치에 있을 때까지 즉시 스페인 헌병군이 도와줄 것이다.

UNIDAD 12

구어체(비격식/캐주얼) 단어와 스페인식 표현들

"혼란스럽고 막막해"
"나 멘붕 왔어"
"충격 받았어"

위의 표현은 동일한 상황에서 사용할 수 있는 말들이다. 이 표현들은 어떤 상황(격식 또는 비격식)인지 또는 누구와 대화하는지에 따라 다르지만, 대화에서 적절한 구어 표현, 캐주얼한 문장 사용은 웃음과 재미를 유발하고 화자에 대한 호기심이 발생해 계속 대화에 집중하게 만든다.

스페인 사람들이 즐겨 사용하는 그들의 비격식적인 캐주얼 표현을 배워 스페인 사람들에게 사용해보자. 스페인 문화를 잘 이해하고 있다는 인상이 전해져 대화 속에서 단연 호감 가는 한국인이 될 것이다.

여기서 소개할 구어체 단어들은 비격식적이지만, 욕설은 아니므로 스페인 현지에서 스페인 친구들에게 자유롭게 사용할 수 있는 단어들이다. 그리고 이런 단어와 표현들은 정규 수업 시간에 다루기가 힘들고, 또한 스페인 사람들을 이해하는 데 중요하므로, 메모해 두자!

이제 스페인 사람들이 당신의 센스 있고 고급스러운 단어 선택에 깜짝 놀랄 것이다.

Postureo

Postureo는 보여주기(주로 과시)를 위해서 뭔가를 하는 사람의 행동을 뜻한다. 예를 들어, 소셜 미디어에 계속해서 사진을 올리는 행동을 뜻하는 단어로 그것을 하는 이유는 단지 좋게 보이고 싶고 화려하게 보이기 위해서이다. 즉, 이러한 행동의 이유는 다른 사람에게 어떤 구체적이고 만들어진 이미지를 보여 주기 위한 행동들이다.

A: 잠깐, 음식 아직 먹지마. 나 소셜 미디어에 사진 올려야 한단 말이야.
B: 아 진짜 피곤해. 너 **인스타 중독이야.**
A: 이제 일상이야. 내가 뭐 하는지 보여줘야 해.
B: 너 요즘 **단지 보여주려고** 사진 올리더라.

Ser un notas

Ser un notas는 상대의 관심을 받으려고 노력하는 사람을 뜻한다. 타인에게 웃긴 말이나 행동으로 관심을 끌지만, 결과적으로 우스꽝스러울 때 사용하며 약간 부정적인 뉘앙스를 가지고 있다(한국어로 '관심병'이지만, 스페인어 ser un notas는 상대를 폄하하는 의도가 강하다).

A: 마놀로의 모자는 좀 많이 튄다(과하다).
B: 그치, 마놀로는 항상 주변의 주목을 끌고 싶어하지, **관심병이야.**

Canteo

여러 상황에서 사용할 수 있는데, 대표적으로 '보통 이상을 넘어설 때(좋건 나쁘건)' 사용하는 표현이다. 부정적인 의미로는 '도를 지나쳐 선을 넘었거나, 파렴치한 행동'에 사용하고, 긍정적인 경우에는 '무언가 평균 이상으로

아주 좋을 때' 표현할 수 있다.

긍정적 의미:
A: 아나는 전공에서 최우수 성적을 받았어!
B: 우와, **넘사벽**이네.

A: 나 로또 당첨됐어!
B: 헐, **대박!**

부정적 의미:
A: 하이메가 시험 낙제해서 선생님께 고함질렀어.
B: 하이메 너무 멀리 갔네.
A: 맞아... **역대급이다, 선을 넘었네.**

A: 다니엘은 거짓말쟁이에 완전 바람둥이야.
B: 갑자기 무슨 소리야?
A: 거짓말인 거 알아도 넘어가줬더니, 아닌 척 하면서 거짓말 계속 해.
B: **염치 없고 뻔뻔하네(파렴치하네).**

Me flipa o Flipo

어떤 것에 '매료되다, 사로잡히다, 현혹되다, 주체할 수 없이 끌리다'라는 의미로, 보거나 들은 것이 굉장히 놀라울 때 사용한다. 이 표현은 아주 널리 퍼져 대중화되었고, 스페인 영화, 드라마 그리고 거리 등에서 아주 쉽게 들을 수 있는 캐주얼한 유행어이다.

A: 이것 봐! 드디어 애플 새 핸드폰 모델 출시됐어.
B: 어머나(이야), 헐... **진짜 대박이다**... 난 디자인에 완전 꽂혔어.

A: 나, 이 유튜브 채널에 **완전 빠졌어.**
B: 어머, 좀 광적인데...
A: 완전, 여기서 보여주는 기이한 것들에 **완전 꽂혔거든.**

Me mola mazo

Me mola는 Me gusta와 같은 의미이다. 하지만 Me mola는 구어체의 비격식적인 색채를 가지고 있으며 널리 퍼진 표현으로, 특히 젊은이들 사이에서 많이 사용된다. Mazo는 Mucho와 같은 뜻으로 구어체와 웃긴 뉘앙스를 담고 있으며, 'Me mola'는 주로 'Mazo'와 함께 사용한다.

A: 이 아이돌 그룹 진짜 대박이다.
B: 나도 **대박 완전(정말) 좋아해**, 진짜.
A: 그럼, 콘서트, 콜?
B: 좋아, 콜!

Tener una empanada mental

이 표현은 사람이 굼뜨거나 잠이 덜 깬 듯한, 또는 대처가 서투르고 느려 보이는 경우에 사용할 수 있는 표현이다. '너무 많이 먹어서 배부르다(배불러 나른하다)'라는 표현에서 시작되었는데, 후에 '잠에서 덜 깨었거나, 대처하지 못하고 멍하다'라는 의미로 확장되었다.

A: 솔 광장 쪽으로 관광할 때, 가진 돈 전부 도둑 맞았대.

B: 너무 안됐다. 진짜 속상하겠다.
A: **멍 때리면서** 다녀서 그래..

A: 정말, 에바는 눈치 없어.
B: 맞아, 걔는 좀 **멍해.**
A: 결국 약속에 늦게 올 거야, 두고 봐.

Pringado
구어체로 쉽게 누군가에게 속는 사람을 뜻한다.

A: 젠장, 상점에서 그걸 나한테 100유로에 팔았어.
B: 너한테 가장 비싼 걸 보여줬나 봐, **너 호구됐네.**
A: 신고할 거야.
B: 그들과 엮이지 마, 요즘 경제 사정이 안 좋나 보지.
A: 내가 알게 뭐야!

Me parto
'Partirse de la risa'는 무언가 우리를 아주 재미있게 만들어 웃음을 터트릴 때 사용하는 표현이다. 'Me meo'와 같은 뜻이며 영어 LOL과 같다. 또한 풍자 또는 비꼬는 뉘앙스로도 사용하는데, 재미있는 일이 아닌 놀랍거나 화나서 전혀 웃기지 않은 상황에서 사용된다.

- 너 이 사진 보면, **빵 터질 거야.**
- 내 친구들은 그 농담에 **배꼽 빠지게 웃는다.**

풍자의 의미:
A: 아나가 콘서트 올 거라 해서, 내가 티켓 계산했는데, 이제서 오기 싫대.
B: **웃긴다**... 왜?
A: 변명하던데, 안 믿겨.

Ir pedo
구어체로 '술에 만취하다'라는 뜻이며, 'Ir ciego'로도 표현할 수 있다.

- 나 지금 **꽐라(만취 상태)됐어.** 술 엄청 마셨어.
- 어제 밤 우리 **꽐라돼서** 아무것도 기억 안 나.
- 나 숙취 있어. 어제 **꽐라됐거든.**

Tener morros
뻔뻔하고 파렴치한 사람에게 사용하는 표현이다. 누군가 부도덕하게 행동하거나 또는 어떤 일이나 상황에서 상대의 감정이나 입장은 개의치 않고 배려 없이 행동하거나 말할 때 사용하는 캐주얼식 표현이다.

A: 다니엘이 나랑 연락 끊은 후에 내 친구에게 연락했어.
B: 와우! **정말 뻔뻔하다, 부끄러움을 모르네.** 네 친구한테 뭐라고 문자했는데?
A: 새해 복 많이 받으라고. 친구가 내게 말해줬어.
B: 개념 없네... 선을 넘었어.

또한 이 표현은 누군가와 약속을 했지만, 가기 싫어지거나 귀찮아지면 갑자기 직장에 일이 생겼다거나 아프다며 약속 시간을 앞두고 약속을 깨는 사람에게 사용한다.

A: 마리솔이 아프다고 오늘 회의에 안 왔는데 저기 있네, 봐봐.
B: 어머... 친구들이랑 맥주 마시고 있네... 푸하...
A: **정말 얼굴 두껍다.**

다른 의미로, 이 표현은 '부럽다'라는 의미로 사용되기도 한다: 라우라 하와이로 휴가 떠난대, **진짜 부러워!**

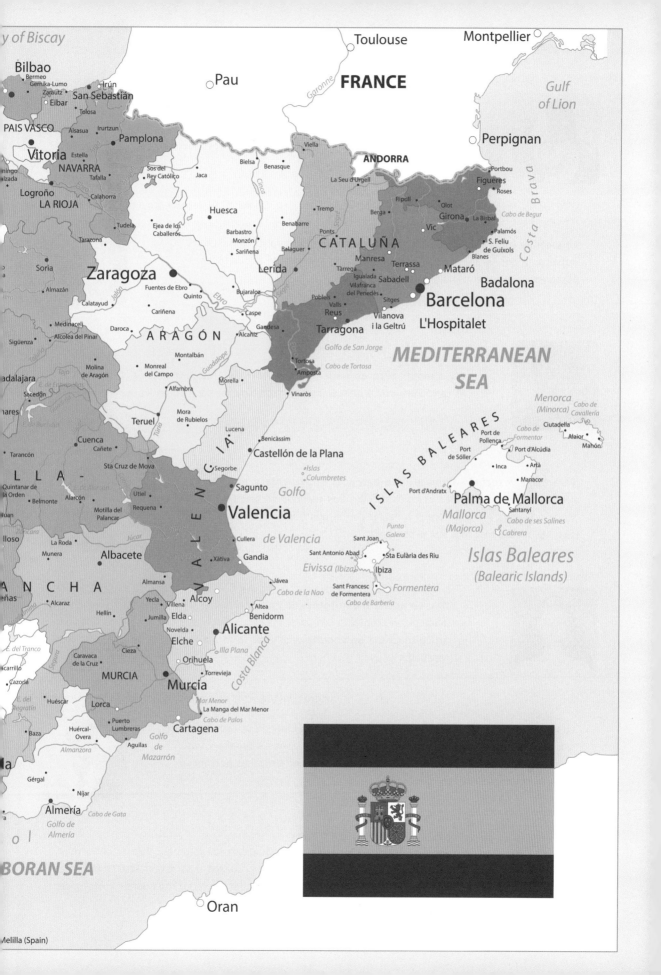

● Consejos de hablantes nativos para mejorar tu español:

Rocío (UAM/ Profesora de español)

Mantén siempre el contacto con el español. Cuando veas o leas algo en español, anota las expresiones que te resulten interesantes o desconocidas, pon su significado e invéntate un ejemplo propio. ¡Estoy segura de que mejorarás rápidamente!

Daniel (ICAI/Jefe de proyectos eGovernment)

Lo ideal es venir a España y tener una experiencia inmersiva. Tambien es importante que te apasione la cultura española, a través de la cual puedes comprender mejor el uso del español.

Carmen (Enfermera del Hospital)

Lo mejor para aprender y no olvidar es escuchar música y cantar las canciones en voz alta. Es la mejor combinación para aprender español.

Enrique (UC3M/Auditor interno)

Para hablar español solo hace falta aprender el presente y el pretérito perfecto. Una vez que has aprendido estos dos tiempos verbales hay que viajar a España e ir a los bares a hablar con la gente local y el resto viene solo. ¡Es mucho más fácil que el coreano!

Alejandra (UCM/ Psicologa de niños)

Yo creo que la mejor forma de aprender español es practicar hablando y manteniendo contacto con personas españoles. Ver series españolas también ayuda mucho a aprenderlo y conocer la forma en la que se expresan los españoles

Arturo (UAM/ Asesor de comercio e inversión internacional)

Lo ideal para aprender español es conocer amigos españoles! Los españoles son personas amables y es fácil hacerte su amigo. Si vienes a España y vas a un bar, al teatro, o incluso por la calle puedes conocer a muchas personas que estarán encantadas de conocerte.

Yara (ULPGC/ Estudiante)

Debes encontrar la belleza que guardan los idiomas. Pues cuanto más atractivo te parezca la pronunciación, cuanto más asombroso te parezca el origen y cuanto más disfrutes de saber hablarlo; más ganas tendrás de aprender un idioma nuevo.